뻔뻔하고 펀(fun)하게 배우는
아랍어 단어 357

뻔뻔하고
펀(fun)하게 배우는
아랍어 단어 357

김재희·이지혜 지음

Amber Press

책을 펴내며

"'유난히 아름다운 그리스'라서
그리스가 아랍어로 '(알)유난'이야".

　대학교에 막 입학해서 선배에게 배운 첫 아랍어였습니다. 그 후 수많은 아랍어 단어를 배웠고 외우려고 애썼지만, '유난'이라는 단어만큼은 한 번만 들었는데도, 별다른 노력을 하지 않아도 절대로 잊혀지지 않았습니다. 어느새 선생이 되어 학생들과 일반인들에게 아랍어를 가르치게 되면서, 생긴 것도 생소하고, 발음도 어려워 너무나 배우기 힘들어하는 아랍어를 어떻게 해야 쉽고 재미있게 알려 줄 수 있을까 고민할 때마다 '유난'이 떠올랐습니다. 그런 단어들을 많이 만들어야겠다고 다짐했습니다. '주사를 맞으면 후끈해져'로 '후끄나(주사)'를 외우게 하고, '혁명을 위해 싸우라'로 '싸우라(혁명)'를, '패배는 하지마'로 '하지마(패배)'를 만들었습니다. 반응이 좋았습니다. 신이 나서 더 만들고 싶었습니다. 그러던 중, 평소 조용히 수업을 듣던 명지대 아랍지역학과 제자가 자신이 그동안 개발한 100단어가 넘는 아랍어 단어를 적은 노트를 내밀었습니다. 가능하면 실감나게 연기해서, 한번 듣고 바로 외울 수 있도록 학생들 앞에서 열심히 재현할 때마다 때로는 열띤 호응을, 때로는 유치하다며 썩소를, 때로는 시큰둥한 표정 등 다양한 반응으로 '덕분에 어려운 아랍어 단어를 쉽고 즐겁게 암기할 수 있다'며 학생들과 수강생들은 열렬히 호응했습니다. 서강대학교, 한국외국어대학교, 연세대학교, 육군사관학교, 그리고 서울대병원 간호사들, 일반인 수강생들이 직접 개발한 연상단어를 앞다투어 제게 보내주었습니다. 다람쥐가 도토리 모으듯 그렇게 모은 아랍어 단어들로 이 책이 드디어 만들어졌습니다. 이 책은 제가 만든 것이 아닙니다. 학생들과 간호사들, 일반인 수강생들의 빛나는 참여로 만들어진 팀작업의 성과입니다. 특히, 함께 단어를 개발하고, 예문을 만들어 준 제자 이지혜의 참여와 도움이 없었다면 아마 이 단어들은 여전히 어딘가에 묻혀있었을지 모릅니다.

　이 책이 아랍어를 배우고자 하는 사람들에게 아주 작은 도움이라도 되길 간절히 바라며, 아랍어가 어려운 언어임은 틀림없지만, 그럼에도 불구하고, 쉽고 즐겁게 단어를 익힐 수 있다고 꼭 알려주고 싶습니다. 또한, 비록 첫 책은 357단어지만, 이 책을 보고 더 많은 독자들의 참여로 언젠가 천일야화(알프 라일라 와 라일라)에 필적할 만한 '아랍어 1001단어'(알프 칼리마 와 칼리마)를 집필하여 출판할 수 있기를 감히 기대해 봅니다.

  이 책이 나오기까지 수고해 준 분들에게 깊이 감사를 표합니다. 같이 단어를 개발하고, 기꺼이 듣고 호응해준 학생들, 서울대병원 수강생들, 그리고 일반인 수강생들, 아랍어감수를 해주신 한국외대 쌀라교수님, 늘 도움받는 제자 예은, 제자 이지혜 모두 감사합니다. 또한 출판사를 찾지 못해 고민할 때 선뜻 손 내밀어 주신 늘 언제나 제 편인 앰버프레스 조길자대표님과 김성출부대표님 감사합니다. 마지막으로, 생전 처음 보는 생소한 아랍어를 마주하여 글자라기보다는 그림처럼 보였을 아랍어단어 하나 하나를, 한땀 한땀 수놓듯이 작업해준 디자인밸류코어 조윤정팀장님과 편집팀 여러분들의 노고로 꼭 출판하고 싶었던 책을 만들어주셔서 감사합니다.

2020년 깊어가는 가을   김 재 희

뻔뻔하고 편(fun)하게 배우는 아랍어 단어 357 책을 펴내며 ·········· 4
일러두기 ·········· 9
예비과 ·········· 10

뻔뻔하고 편(fun)하게 배우는 아랍어 단어 357

가 ·········· 16

~로 / ~부터 / ~에게 ~이 있다(장소, 소유 등), ~할 때에 / ~에(에서) / ~하자 / 가게 / 가격 / 가까운 / 가능한 / 가방 / 가을 / 가족 / 감기 / 강 / 강의 / 개 / 건강 / 건물 / 검사 / 검은(여성) / 겨울 / 결석 / 경계(들) / 경기 / 계란 / 계절, 교실 / 고기 / 고양이 / 고통, 통증 / 공원 / 과제, 의무 / 교수 / 교회 / 구입, 구매 / 국가 / 국립의 / 국적 / 군인 / 귀 / 그는 공부했다 / 그는 내렸다 / 그는 떠났다 / 그는 만났다 / 그는 방문했다 / 그는 방송했다 / 그는 배웠다 / 그는 왔다 / 그는 잤다 / 그는 죽었다 / 그는 지불했다 / 그는 태어났다 / 그는 포함했다 / 그리스 / 그림 / 근육(들) / 금 / 기내에, 승선시에 / 기린 / 기술자 / 기차 / 깊은 / 꽃 / 꿀 / 꿈 / 끝

문화 | 아랍문화이야기 (1) ·········· 32

나 ·········· 33

나는 원한다 / 나라 / 나쁜 / 나이 많은 / 날씨 / 날씨, 기후 / 날씬한 / 남자형제 / 내일 / 너(여자) / 녹색 / 녹색(여성) / 농담, 장난 / 눈 / 눈썹

문화 | 아랍문화이야기 (2) ·········· 37

다 ·········· 39

다리 / 다이아몬드 / 단 것 / 단식 / 달 / 닭 / 당근 / 당신(남) / 대시 / 대학교 / 더운 / 도둑 / 도시 / 도움 / 돈 / 돈, 금융, 재정 / 동물 / 돼지 / 두통 / 뒤에 / 드라마, 연속극 / 따뜻한 / 딸 / 뚱뚱한

문화 | 아랍문화이야기 (3) ·········· 45

마 ……… 47

마음, 심장 / 막대기, 지팡이 / 말 / 말해 / 머리 / 머리카락 / 먼 / 모두 / 목걸이 / 몸 / 무거운 / 무게 / 무엇? / 문 / 문명 / 문장 / 문학 / 미침 / 밀가루

문화 | 아랍문화이야기 (4) ……… 52

바 ……… 54

바늘 / 바다 / 박물관 / 발 / 방 / 방법 / 배 / 버스 / 번, 횟수 / 법 / 벨, 종 / 별 / 병원 / 보다 / 보습제, 로션 / 보증(보장) / 부숴진 / 부유한, 부자 / 불가능한 / 비 / 비싼 / 빚 / 빛 / 빛나는 / 뼈

문화 | 아랍 여성 영화감독과 영화 이야기 (1) ……… 60

사 ……… 62

사람들 / 사막 / 사원 / 사자 / 사전 / 산 / 삼촌 / 상 / 상인 / 상점, 가게 / 상황 / 새로운 / 새벽 / 색, 색깔 / 색이 밝은 / 생선 / 서랍 / 서비스 / 선생님 / 설탕 / 섬 / 성지순례 / 셔츠 / 소 / 소녀, 딸 / 소스 / 손 / 손님 / 손수건, 수건 / 수, 숫자 / 수박 / 수출품 / 수표 / 숲 / 쉬운 / 스크린, 화면 / 슬픈 / 슬픔 / 시 / 시간 / 시간(시대) / 시계 / 시작 / 시장 / 식당 / 식초 / 신경 / 신문 / 신발 / 신선한 / 실시(조치) / 쌀 / 쓴

문화 | 아랍 여성 영화감독과 영화 이야기 (2) ……… 75

아 ……… 77

아들 / 아랍어 / 아빠 / 아쉬운, 유감스러운, 미안한 / 아침 / 아픈 / 안경 / 안전, 안보 / 앉아있는 / 앞에 / 액체 / 야채 / 약 / 약한 / 양 / 양파 / 어두운(짙은) / 어떤 / 어떻게 / 어려운 / 어제 / 언어 / 언제 / 얼굴 / 얼마? / 엄마 / 여름 / 여행, 투어 / 예배 / 예술 / 오래된, 낡은 / 오렌지 / 오리 / 오븐 / 옥수수 / 옷들 / 외삼촌 / 우물 / 우편, 우편물 / 운동장 / 움직임, 동작, 이동 / 위기 / 위상, 지위 / 위원회 / 위험 / 은 / 음식 / 의견 / 의자 / 이동, 운반 / 이름 / 이집트의, 이집트사람 / 인간 / 일, 노동, 직업 / 일본 / 읽어라 / 입

문화 | 아랍어가 어원인 일상 속 영어 ……… 91

자 ········· 92
자동차 / 자전거 / 작은, 어린 / 잔 / 잠 / 잡지 / 장, 우두머리 / 장관 / 장소 / 저녁식사 / 저녁 / 전부, 모두 / 전에 / 전쟁 / 젊은 여성, 소녀 / 젊은이 / 점심식사 / 정말로 / 정부 / 제도, 규칙 / 조용한 / 졸린 / 종교 / 종이 / 좋은 / 주, 일주 / 주먹 / 주방 / 주사 / 주소 / 주스 / 중국 / 중요한 / 증거 / 지도 / 지루한 / 지하철 / 직업 / 집 / 짧은, 키가 작은

문화 | 아랍어 숫자 ········· 101

차 ········· 103
차, 티 / 창문 / 책 / 책상, 사무실 / 천재 / 청년 / 초대 / 추방 / 추운 / 출구 / 출석한, 현재의 / 취미 / 취소 / 치료 / 친구 / 친절한 / 칠판 / 침대

문화 | 아랍어 시간 ········· 108

카 ········· 109
카페 / 코 / 코끼리 / 콩 / 키, 길이 / 키가 큰, 긴

타 ········· 111
튀긴 / 특별한

파 ········· 112
판매 / 팔 / 팔았다 / 패배 / 펜 / 편지 / 평화 / 포도 / 피 / 피곤한 / 피부, 가죽

문화 | 주요 아랍국가이름과 수도 ········· 115

하 ········· 116
학교 / 할머니 / 할아버지 / 해, 년 / 해안 / 행복한 / 혁명 / 호랑이 / 화장실 / 화폐, 통화 / 확인, 확신 / 황소 / 회사 / 회의 / 훌륭한 / 휴가 / 흡연 / 힘

부록 - 동사변화표 ········· 122

일러두기

1. 아랍어 모음은 한글처럼 다양하지 않아, 글자를 익히고 모음을 공부하면 누구나 쉽게 발음할 수 있지만, 글자가 생소한 독자들을 위해 한글 발음을 꾸역꾸역 넣었습니다. 다만, 한글 표기는 가능한 원어민들이 듣기에 가장 편할 수 있도록 하여, 외래어표기법에 맞지 않을 수 있습니다. 또한 정관사도 발음을 뒤에 오는 단어와 연계하여 발음할 때와 단독으로 발음하는 등 상황에 따라 다를 수 있습니다.

2. 본문에 나오는 동사에 숫자가 있는 것은 뒤에 [부록]에 실은 관련 동사의 동사변화표를 쉽게 찾을 수 있도록 표시한 것입니다. 화자의 인칭에 따른 변화형과 완료, 미완료동사변화 단수형과 복수형을 넣었으며, 능동분사, 수동분사 및 동명사 그리고 명령형 형태는 다 넣는 대신 널리 사용되는 패턴만 넣었습니다. 동사변화표를 활용하여 다양한 문장에서 활용하시길 바랍니다.

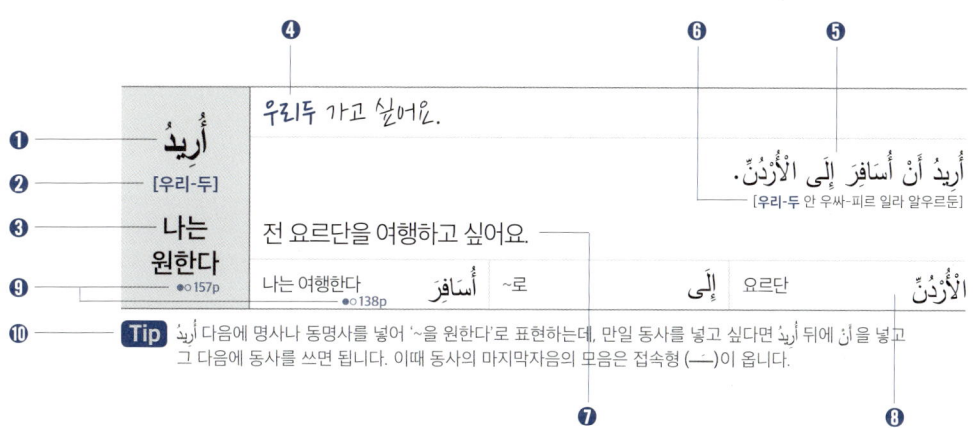

❶ 아랍어 단어
❷ 아랍어 발음
❸ 아랍어 한글 뜻
❹ 아랍어 단어를 더욱 외우기 쉽도록 푼 발음 그대로의 예문
❺ 아랍어 예문
❻ 아랍어 예문 발음
❼ 아랍어 예문 뜻
❽ 새로운 단어
❾ 동사변화페이지가 있음.
　●○157p 표시된 페이지로 가면 해당하는 아랍어 단어의 완료형, 미완료형의 동사변화를 익힐 수 있음.
❿ 이해를 도와주는 팁

예비과

1. 아랍어자음

아랍어는 오른쪽에서 왼쪽방향으로 쓰며 28개의 자음으로 구성되어 있고, 아랍어 문자는 자음의 위와 아래에 모음을 붙여 표기합니다. 자음의 기본적인 원형은 독립형입니다. 한 단어는 서로 연결되어 있는데, 처음에 오는 자음 형태를 어두형, 중간에 오는 형태를 어중형, 그리고 마지막에 오는 형태를 어말형이라고 부릅니다. 보기엔 어려워 보이지만, 독립형만 익히면, 연결형은 말그대로 연결해서 쓰기 쉽도록 간략하게 표기하는 것이라 금방 습득할 수 있습니다.

알파벳명	어말형	어중형	어두형	독립형	발음기호
'alif-hamzah	أ	أ	أ	أ	'
baa'	ب	ب	ب	ب	b
taa'	ت	ت	ت	ت	t
thaa'	ث	ث	ث	ث	th
jiim	ج	ج	ج	ج	j
haa'	ح	ح	ح	ح	h
khaa'	خ	خ	خ	خ	kh
daal	د	د	د	د	d
dhaal	ذ	ذ	ذ	ذ	dh
raa'	ر	ر	ر	ر	r
zaay	ز	ز	ز	ز	z
siin	س	س	س	س	s
shiin	ش	ش	ش	ش	sh
Saad	ص	ص	ص	ص	S

Daad	ض	ـض	ـضـ	ضـ	D
Taa'	ط	ـط	ـطـ	طـ	T
Zaa'	ظ	ـظ	ـظـ	ظـ	Z
'ayn	ع	ـع	ـعـ	عـ	'
ghayn	غ	ـغ	ـغـ	غـ	gh
faa'	ف	ـف	ـفـ	فـ	f
qaaf	ق	ـق	ـقـ	قـ	q
kaaf	ك	ـك	ـكـ	كـ	k
laam	ل	ـل	ـلـ	لـ	l
miim	م	ـم	ـمـ	مـ	m
nuun	ن	ـن	ـنـ	نـ	n
haa'	ه	ـه	ـهـ	هـ	h
waaw	و	ـو	ـو	و	w
yaa'	ي	ـي	ـيـ	يـ	y

※ 대부분의 자음은 앞이나 뒤에 오는 자음과 연결됩니다. 하지만, 6개의 자음이 예외인데, 바로 ا، د، ذ، ر، ز، و 입니다. 이 자음들은 항상 앞에 오는 자음과는 연결해서 쓸 수 있지만, 뒤에 오는 자음과는 연결되지 않습니다. 그래서 독립형과 어두형, 어중형, 어말형의 형태가 모두 같은 특징이 있습니다.
※ ل과 ا를 붙여 쓰면 لا로 표기됩니다.

2. 아랍어 모음

1) 단모음

아랍어의 모음에는 단모음, 장모음 그리고 이중모음이 있습니다. 아랍어 단모음은 ＿ [아], ＿ [이], ＿ [우] 세가지입니다. 다양한 모음이 들리는 것은 사람들이 말할 때 사용하는 구어체 아랍어 때문입니다.
① 아 : ـَ   بَ [바] / تَ [타]
② 이 : ـِ   بِ [비] / تِ [티]
③ 우 : ـُ   بُ [부] / تُ [투]

2) 장모음

세 개의 단모음 뒤에 각각 ا [아], ي [이], و [우] 을 연결해 장모음을 만들고 발음을 길게 합니다.

① 아- : سَيَّارَةٌ [싸야-라] 자동차   زَرَافَةٌ [자라-파] 기린
② 이- : بَعِيدٌ [바이-드] 먼   سَعِيدٌ [싸이-드] 행복한
③ 우- : نُورٌ [누-르] 빛   سُوقٌ [쑤우-끄] 시장

3) 이중모음

ـَ [아] 모음 뒤에 ي 또는 و 를 연결하며 발음은 ـَي [아이], ـَو [아우] 로 발음합니다.

아이 : بَيْتٌ [바이트] 집   아우 : نَوْمٌ [나움] 잠

3. 아랍어 발음 부호

1) 수쿤(السُّكُونْ)

자음이 모음을 갖지 않을 경우, 즉 자음에 모음(아, 우, 이) 보음이 없을 때, 자음 위에 ـْ 원형태로 표기하며 발음은 우리말 모음(ㅡ) '으'에 해당하는 발음입니다.

سِعْرٌ [씨으르] 가격   مِنْ [민] ~로부터

※ 아랍어에서는 첫 번째 자음은 모음 없이 수쿤으로 시작하지 않습니다. 그러므로 수쿤은 두 번째 자음부터 나타납니다.

2) 샷다(اَلشَّدَّةُ)

두 개의 동일한 자음이 반복될 경우, 두 자음을 나란히 쓰는 대신, 샷다 ّ 를 넣습니다. 두 자음이라 앞의 자음은 '수쿤' 발음으로, 뒷 자음은 자신의 모음으로 발음합니다. 샷다는 단어의 첫 자음에는 오지 않습니다.

سِتَّةٌ [씨트타→씻타] 숫자 6

3) 맛다(آ)

아랍어 첫번 째 알파벳 ا 이 '아' 모음 َ 을 갖게 되면 اَا [아~] 이렇게 표기가 됩니다. 이와 같이 알리프가 연달아 오게 될 경우, 두 개의 알리프를 하나로 합치고, 그 위에 물결 표시를 해주고 길게 [아~~] 읽습니다.

اَلآنَ [알아안-] 지금

4) 태양문자와 월문자

아랍어 알파벳 중 14개는 태양문자라고하고 나머지 14개는 월문자라고 합니다.

태양문자	س	ز	ر	ذ	د	ث	ت
	ن	ل	ظ	ط	ض	ص	ش

태양문자로 낱말 앞에 정관사 اَل [알]이 오면 그 중에서 ل의 발음이 태양문자에 동화되어 발음되지않고 태양문자 위에는 ّ [샷다]가 옵니다. 따라서 [알] 발음이 [앗]으로 바뀌게 됩니다.

اَلدَّرْسُ [앗다르쓰] 과, 공부   اَلنُّورُ [앗누-르] 빛

월문자	غ	ع	خ	ح	ج	ب	أ
	ي	و	ه	م	ك	ق	ف

월문자는 정관사 اَل [알] 이 오더라도 영향을 주지 않습니다.

اَلْجَامِعَةُ [알 좌-미아] 대학교   اَلْغُرْفَةُ [알 구르파] 방

아랍어 단어

가~하

~로 _ ~에게, ~이 있다(장소, 소유 등), ~할 때에

إِلَى [일라] ~로	그만 **일라**. 학교 가야지.			
				أَذْهَبُ إِلَى بَيْتِي. [아드합 **일라** 바이티]
	나 집에 가요.			
	나는 간다 ●○130p	أَذْهَبُ	나의 집	بَيْتِي

مِنْ [민] ~부터	**민수**는 어디 출신이야?			
				مِنْ أَيْنَ أَنْتَ؟ [**민** 아이나 안타]
	당신(남성)은 어느 나라 출신인가요?			
	어디(의문사)	أَيْنَ	당신(남성)	أَنْتَ

عِنْدَ [에인다] ~에게, ~이 있다 (장소, 소유 등), ~할 때에	너희들 **애인** 다들 있지?			
				عِنْدِي هَاتِفٌ ذَكِيٌّ وَحَدِيثٌ. [**에인디** 하-티프 다키 와 하디-쓰]
	내게는 최신 스마트폰이 있어요.			
	내게는 있다	عِنْدِي	전화	هَاتِفٌ
	스마트한	ذَكِيٌّ	최신의	حَدِيثٌ

Tip عِنْدَ 뒤에 접미형 인칭대명사가 오면 '~에게 ~이 있다'라는 의미가 됩니다. 예를 들어 '그에게는 ~이 있어요' 라고 하려면 عِنْدَهُ 라고 씁니다.

~에(에서) _ 가까운 **가**

فِي [피-] ~에(에서)

피~ 집에 있으면서 왜 전화 안받아?

أَيْنَ أَنْتِ؟ أَنَا فِي الْغُرْفَةِ.
[아이나 안티? 아나 **필** 구르파]

너(여성) 어디야? 나 방에 있어요.

| 어디(의문사) | أَيْنَ | 당신(여성) | أَنْتِ | 방 | الْغُرْفَةِ |

هَيَّا [핫야] ~하자

이제 그만 **하야** 하자.

هَيَّا نَذْهَبْ إِلَى الْمَنْزِلِ.
[핫야 나드합 일랄 만질]

우리, 집에 가요.

| 우리는 간다 | نَذْهَبْ | 집 | الْمَنْزِلِ |
○130p

مَتْجَرٌ [마트좌르] 가게

장사가 잘되려면 역시 **마트자리**가 중요하죠.

يَبِيعُ مَتْجَرُ مَبَارَكَ الْفَوَاكِهَ الطَّازَجَةَ.
[야비-우 **마트좌르** 무바-라크 알파와-키핫 따-자좌]

무바락네 가게는 신선한 과일을 판매해요.

| 그는 판매한다 | يَبِيعُ | 과일들 | الْفَوَاكِهَ | 신선한 | الطَّازَجَةَ |
○183p

سِعْرٌ [씨으르] 가격

비싼 가격으로 바가지 씌우려고 하지마세요.

كَمْ سِعْرُ الذَّهَبِ فِي السُّوقِ؟
[캄 **씨으르** 앗다합 핏 쑤-끄]

시장에서 금값은 얼마예요?

| 얼마(의문사) | كَمْ | 금 | الذَّهَبِ |
| ~에서 | فِي | 시장 | السُّوقِ |

قَرِيبٌ [까립-] 가까운

가까워 이분 거리야.

مَنْزِلِي قَرِيبٌ مِنْ مَحَطَّةِ الْمِتْرُو.
[만질리 **까립** 민 마핫따틸 미트루]

우리 집은 지하철역에서 가까워요.

| 나의 집 | مَنْزِلِي | 역 | مَحَطَّةِ | 전철 | الْمِتْرُو |

가

가능한 _ 가족

مُمْكِنٌ
[뭄킨]
가능한

뭄킨 실을 푸는 것은 가능한 일이야.

اِتَّصِلْ بِي فِي أَسْرَعِ وَقْتٍ مُمْكِنٍ.
[이탓씰 비 피 아쓰라이 와끄틴 뭄킨]

가능한 빠른 시간에 연락줘.

| ~에게 연락하세요(명령형, 남성) (بِ) | اِتَّصِلْ | 더 빠른 | أَسْرَعِ |
| 시간 | وَقْتٍ | 가능한 빠른 시간에 | فِي أَسْرَعِ وَقْتٍ مُمْكِنٍ |

حَقِيبَةٌ
[하끼-바]
가방

한 학기 밖에 안 남았지만 새 가방을 사고 싶어요.

مَاذَا يُوجَدُ فِي الْحَقِيبَةِ؟
[마-다 유우좌드 필 하끼-바]

그 가방에는 뭐가 들었어요?

| 무엇(의문사) | مَاذَا | 그것(남성)은 있다 | يُوجَدُ | ~에 | فِي |

○ 180p

خَرِيفٌ
[카리-프]
가을

카~리프(leaf)가 떨어지는 가을이 왔네요.

تَتَسَاقَطُ أَوْرَاقُ الْأَشْجَارِ فِي الْخَرِيفِ.
[타타싸-까뜨 아우라-끄 알아슈좌-르 필 카리-프]

가을에는 나뭇잎들이 떨어져요.

| 그것(여성)은 떨어진다 | تَتَسَاقَطُ | 잎들, 종이들 | أَوْرَاقُ |
| 나무들 | الْأَشْجَارِ | ~에 | فِي |

Tip أَوْرَاق 뒤 '종이들, 잎들' 이나 الْأَشْجَار '나무들' 과 같은 사물의 복수의 성은 '여성'입니다. 따라서, 명사를 수식하는 동사는 (ت)가 오고 형용사는 타마르부타 (ة)가 와야합니다.

أُسْرَةٌ
[우쓰라]
가족

'웃어라 동해야'라는 드라마가 있었는데, 헤어진 가족을 찾는 거였어요.

أُسْرَتِي، أَبِي وَأُمِّي وَأُخْتِي الصَّغِيرَةُ وَأَنَا.
[우쓰라티, 아비 와 움미 와 우크티 앗싸기-라 와 아나]

우리 가족은, 아빠, 엄마, 여동생 그리고 저에요.

| 나의 아버지 | أَبِي | 그리고 | وَ | 나의 어머니 | أُمِّي |
| 나의 여자형제 | أُخْتِي | 작은, (나이가)어린 | الصَّغِيرَةُ | 나는 | أَنَا |

가족 _ 강의 **가**

عَائِلَة
[아-일라]
가족

아일 낳아야 진정한 가족이 되는 거죠.

يُفَضِّلُ الْعَرَبُ الْعَائِلَةَ الْكَبِيرَةَ.
[유팟딜 알아랍 알**아-일라** 알카비-라]

아랍사람들은 대가족을 선호해요.

그는 선호한다, 더 좋아한다 ●○152p			يُفَضِّلُ
아랍사람들	الْعَرَبُ	큰	الْكَبِيرَةَ

زُكَام
[주캄]
감기

아주 감기가 제대로 걸렸나 봐.

لَمْ أَخْرُجْ مِنَ الْمَنْزِلِ الْيَوْمَ بِسَبَبِ الزُّكَامِ.
[람 아크루즈 민날 만질 알야움 비싸바빗 **주캄**]

감기 때문에 오늘 집에서 외출하지 않았어요.

과거동사부정	لَمْ	나는 나간다 ●○126p	أَخْرُجْ
~로부터	مِنَ	집	الْمَنْزِلِ	~때문에	بِسَبَبِ

Tip لَمْ 은 '~하지 않았다'의 의미로 과거부정문에 사용됩니다. لَمْ 뒤에는 미완료동사가 오며 마지막 자음의 모음은 단축형인 (ْ) 을 갖습니다.

نَهْر
[나흐르]
강

나 흐르는 강 보는 걸 너무 좋아해요.

مَا هُوَ أَطْوَلُ نَهْرٍ فِي الْعَالَمِ؟
[마 후와 아뜨왈 **나흐르** 필 알-람]

세계에서 가장 긴 강은 무엇인가요?

무엇(의문사)	مَا	그것은, 그는	هُوَ
더 긴, 가장 긴	أَطْوَلُ	~에	فِي	세계	الْعَالَمِ

Tip أَطْوَلُ 은 طَوِيلٌ '긴'의 비교급형태입니다. 뒤에 비한정 단수 혹은 한정 복수가 오면 최상급이 되어 '가장 긴'의 의미가 됩니다.

مُحَاضَرَة
[무하-돠라]
강의

오늘 강의에 뭐하더라?

يَا إِلَهِي! تَأَخَّرْتُ فِي الْمُحَاضَرَةِ!
[야 일라히, 타아카르투 필 **무하-돠라**]

맙소사! 나 강의에 늦었어!

맙소사, Oh my god	يَا إِلَهِي	나는 늦었다 ●○164p	تَأَخَّرْتُ

가 개 _ 검사

كَلْب [칼브] 개

저 개가 **칼부**림에서 주인을 구해낸 용감한 개야?

يُدَرِّبُ أَبِي الْكَلْبَ فِي الْحَدِيقَةِ.
[유다립 아비 알**칼브** 필 하디-까]

아빠가 공원에서 개를 훈련시키고 있어요.

| 그는 훈련시킨다 ●○150p | يُدَرِّبُ | 나의 아빠 | أَبِي |
| ~에서 | فِي | 공원 | الْحَدِيقَةِ |

صِحَّة [씻하] 건강

건강하신 분들은 모두 '**세이~하!**'

اَلصِّحَّةُ مُهِمَّةٌ فِي الْحَيَاةِ.
[앗**씻하** 무힘마 필 하야-]

건강은 삶에서 중요해요.

| 중요한 | مُهِمَّةٌ | ~에서 | فِي | 인생, 삶 | الْحَيَاةِ |

بِنَاء [비나-] 건물

이 건물 언제 **비나**?

أُرِيدُ أَنْ أَكُونَ مَالِكَ الْبِنَاءِ.
[우리-두 안 아쿠-나 말-리칼 **비나**]

나는 건물주가 되고 싶어요.

| 나는 ~을 하고 싶다 ●○191p | أُرِيدُ أَنْ | 나는 ~이다 ●○187p | أَكُونَ | 소유자, 오너 | مَالِكَ |

فَحْص [파흐쓰] 검사

그렇게 **파스**만 붙이지 말고, 검사해봐.

كَيْفَ نَتِيجَةُ الْفَحْصِ فِي قَلْبِ مُحَمَّدٍ؟
[카이파 나티-좌투 알**파흐쓰** 피 깔브 무함마드]

무함마드 심장에 대한 의사의 검사 결과는 어때요?

| 어떻게(의문사) | كَيْفَ | 결과 | نَتِيجَةُ | 검사 | قَلْبِ |

검은(여성) _ 경계(들)

سَوْدَاء
[싸우다-]
검은(여성)

검은 옷 입은 사람들이 **싸우다**.

يَلْبَسُ اِبْني مَلَابِسَ سَوْدَاءَ فَقَطْ.
[얄바쓰 이브니 말라-비쓰 **싸우다**- 파까뜨]

내 아들은 검은색 옷만 입어요.

그는 입는다 ○143p	يَلْبَسُ	내 아들	اِبْنِي
옷들	مَلَابِسَ	오직	فَقَطْ

شِتَاء
[쉬타-]
겨울

겨울엔 추워서 **쉐타**가 필요해요.

اَلشِّتَاءُ فِي الْعَالَمِ الْعَرَبِي لَيْسَ بَارِدًا مِثْلَ كُورِيَا.
[앗**쉬타**- 필 알-라밀 아라비 라이싸 바-리단 미쓸라 쿠리야]

아랍의 겨울은 한국처럼 춥지 않아요.

세계, 세상	الْعَالَمِ	그것은(남성) 아니다	لَيْسَ
추운	بَارِدًا	~처럼	مِثْلَ	한국	كُورِيَا

Tip لَيْسَ 동사는 주어는 주격(ُ)이 오지만, 술어는 비한정 목적격(ً)을 갖습니다.

غَائِب
[가-입]
결석

그렇게 자꾸 결석하시면, **가입**이 어렵습니다.

كَانَ مُحَمَّدٌ غَائِبًا عَنِ الْمُحَاضَرَة.
[카-나 무함마드 **가-이**반 아닐 무하-다라]

무함마드는 강의에 결석했어요.

그는 ~였다 ○187p	كَانَ	강의	الْمُحَاضَرَة

حُدُود
[후두-드]
경계(들)

세계화로 나라간 경계들이 **후두-두** 무너졌다.

كَانَتْ مُشْكِلَةُ الْحُدُودِ مَوْضُوعًا فِي الْاِجْتِمَاعِ.
[카-나트 무슈킬라 알**후두-드** 마우두-안 필 이주티마-이]

국경 문제가 회의의 주제였다.

그것(여성)은 ~였다 ○187p	كَانَتْ	문제	مُشْكِلَةُ
주제	مَوْضُوعًا	회의	الْاِجْتِمَاعِ

뻔뻔하고 편(fun)하게 배우는 아랍어 단어357

가 경기 _ 고기

مُبَارَاةٌ
[무바라-]
경기

'뭐봐라' 하지마. 난 축구 볼거야.

فَازَتْ كُورِيَا فِي مُبَارَاةِ كُرَةِ السَّلَّةِ.
[파-자트 쿠리야 피 무바라- 쿠라팃 쌀라]

한국이 농구경기에서 승리했다.

그것(여성)은 승리했다	فَازَتْ	한국	كُورِيَا
공 ○ 185p	كُرَةِ	바구니	السَّلَّةِ

بَيْضٌ
[바이드]
계란

노력해보세요, 계란으로 바위도 칠 수 있어요.

طَلَبْتُ الْبَيْضَ الْمَقْلِيَّ.
[똘랍투 알바이드 알마끌리]

난 계란프라이를 주문했어요.

나는 주문했다, 요구했다 ○ 137p	طَلَبْتُ	튀긴, fried	الْمَقْلِيَّ

فَصْلٌ
[파쓸]
계절, 교실

파슬리는 사계절내내 먹을 수 있어요.

يَتَمَيَّزُ فَصْلُ الْخَرِيفِ بِالطَّقْسِ اللَّطِيفِ.
[야타맛야즈 파쓸 알카리-프 빗 따끄쓰 알라띠-프]

가을계절은 온화한 날씨가 특징이에요.

그것(남성)은 ~으로 특징짓다 (ب) ○ 169p	يَتَمَيَّزُ	가을	الْخَرِيفِ
날씨	الطَّقْسِ	온화한	اللَّطِيفِ

لَحْمٌ
[라흠]
고기

고기가 익기도 전에 날름 집어먹지마.

سَأَخْتَارُ لَحْمَ الْبَقَرِ الْمَشْوِيِّ.
[싸아크타-르 라흠 알바까르 알마슈위]

나는 소고기구이를 선택하겠어요.

나는 선택할 것이다 ○ 192p	سَأَخْتَارُ	소	الْبَقَرِ	구운	الْمَشْوِيِّ

가

고양이 _ 과제, 의무

قِطَّة
[낏똬]
고양이

고양이가 틈에 끼였다, 구조해야해요!

تُحِبُّ أُسْرَتِي الْقِطَّةَ.
[투힙부 우쓰라티 알낏똬]

우리 가족은 고양이를 좋아해요.

그것(여성)은 좋아한다	تُحِبُّ	우리 가족	أُسْرَتِي

○177p

أَلَم
[알람]
고통, 통증

통증이 심해지면 이 알람버튼을 눌러주세요.

أَشْعُرُ بِأَلَمٍ فِي بَطْنِي.
[아슈우르 비알람 피 바뜨니]

나 배가 아파요.

나는 (~을) 느끼다	أَشْعُرُ (بِ)	내 배에	فِي بَطْنِي

○135p

حَدِيقَة
[하디-까]
공원

그 공원이 어디라고 합디까?

هَلْ زُرْتِ حَدِيقَةَ الطُّيُورِ الْيَوْمَ؟
[할 주르티 하디-까 앗뚜유-르 알야움]

당신(여성)은 오늘 새 공원에 가봤어요?

~입니까(의문사)	هَلْ	당신(여성)은 방문했다	زُرْتِ
새들	الطُّيُورِ	오늘	الْيَوْمَ

وَاجِب
[와-집]
과제, 의무

과제 오늘까지 꼭 내라니 와~ 집요하네요.

حِمَايَةُ الْبِيئَةِ هِيَ وَاجِبُ الْبَشَرِ.
[히마-야 알비-아 히야 와-집 알바샤르]

환경을 보호하는 것은 인류의 과제다.

보호	حِمَايَةُ	환경	الْبِيئَةِ
그것(여성)은	هِيَ	인류	الْبَشَرِ

가 교수 _ 국가

أَسْتَاذ [우쓰타-드] 교수

이 교수님이 **우스타드** 소스를 개발하신 분이에요?

هُوَ أَسْتَاذٌ فِي قِسْمِ الْقَانُونِ.
[후와 우쓰타-드 피 끼쓰ㅁ 알까눈]

그는 법학과 교수님이세요.

| 그는 | هُوَ | 과, 학과 | قِسْم | 법 | الْقَانُونِ |

كَنِيسَة [카니-싸] 교회

교회에 따로 예배를 드릴 수 있는 **칸** 있어요?

يَذْهَبُ الْمَسِيحِيُّونَ إِلَى الْكَنِيسَةِ فِي يَوْمِ الْأَحَدِ.
[야드합 알마씨히윤- 일라 알카니-싸 피 야움 알아하드]

기독교인들은 일요일에 교회에 가요.

| 그는 간다 ○130p | يَذْهَبُ | 기독교인들 | الْمَسِيحِيُّونَ |
| 요일 | يَوْم | 일 | الْأَحَدِ |

شِرَاء [쉬라-] 구입, 구매

뭐 안 살거면 따라다니지 말고 여기에서 **쉬라** 구요.

أُفَضِّلُ شِرَاءَ الْفَوَاكِهِ فِي السُّوقِ بَدَلًا مِنَ الْمَحَلِّ.
[우팟딜 쉬라- 알파와-키히 핏 쑤-끄 바달란 민날 마할]

나는 과일을 마트 대신 시장에서 사는 걸 더 좋아해요.

| 나는 더 좋아한다 ○152p | أُفَضِّلُ | 과일들 | الْفَوَاكِهِ |
| 시장 | السُّوقِ | 대신에 | بَدَلًا مِنَ | 가게, 마트 | الْمَحَلِّ |

دَوْلَة [다울라] 국가

우리 국민들은 국가를 생각하면 **다 울라** 한다.

هَلْ كُورِيَا دَوْلَةٌ مُتَقَدِّمَةٌ؟
[할 쿠리야 다울라 무타깟디마]

한국은 선진국인가요?

| ~입니까(의문사) | هَلْ | 한국 | كُورِيَا | 발전된 | مُتَقَدِّمَةٌ |

가

국립의 _ 귀

وَطَنِيّ
[와뽜니]
국립의

국립박물관는 어땠니, 와따니?

أَدْرُسُ فِي الْجَامِعَةِ الْوَطَنِيَّةِ.
[아드루쑤 필 좌-미아 알와뽜니야]

전 국립대학교에서 공부해요.

나는 공부한다	أَدْرُسُ	대학교	الْجَامِعَةِ
●○128p			

جِنْسِيَّة
[쥔씨야]
국적

'진 씨'가 국적이 중국사람인가?

مَا جِنْسِيَّتُكَ؟ أَنَا كُورِيٌّ.
[마 쥔씨야투카/아나 쿠리]

당신(남성)의 국적은 무엇인가요? 나는 한국인이에요.

무엇(의문사)	مَا	당신(남성)의 국적	جِنْسِيَّتُكَ
나는	أَنَا	한국의, 한국인	كُورِيٌّ

جُنْدِيّ
[준디]
군인

요즘 군인들은 휴가를 얼마나 준대?

أَنْقَذَ الْجُنْدِيُّ الشُّجَاعُ طِفْلًا مِنَ الْغَرَقِ فِي الْبَحْرِ.
[안까다 알준디 앗슈좌-우 띠플란 미날 가라끼 필 바흐리]

그 용감한 군인이 바다 속에서 아이를 구했어요.

그는 구했다	أَنْقَذَ	용감한	الشُّجَاعُ	아이	طِفْلًا
~로부터	مِنْ	잠김,침수,가라앉음	الْغَرَقِ	바다	الْبَحْرِ

أُذُنْ
[우둔]
귀

사람이 우둔해지면 안들리나봐요.

دَخَلَ الْمَاءُ فِي أُذُنِي.
[다칼라 알마- 피 우드니]

(내) 귀에 물이 들어갔어요.

그것(남성)은 들어갔다	دَخَلَ	물	الْمَاءُ
●○127p			

뻔뻔하고 편(fun)하게 배우는 아랍어 단어357 25

가 그는 공부했다 _ 그는 방문했다

دَرَسَ [다라싸] 그는 공부했다

공부를 얼마나 열심히 했는지 책이 다 **닳았어**.

دَرَسَ التَّارِيخَ الْقَدِيمَ فِي الْجَامِعَةِ.
[다라싸 앗타리-크 알까딤 필 좌-미아]

그는 고대역사를 공부했어요.

| 역사 | التَّارِيخَ | 고대의 | الْقَدِيمَ | 대학교 | الْجَامِعَةِ |

نَزَلَ [나잘라] 그는 내렸다

나 잘났다고 자만하면 그 자리에서 내려오게되요.

نَزَلَ فِي الْمَحَطَّةِ الْقَادِمَةِ.
[나잘라 필 마핫따 알까-디마]

그는 다음 역에서 내렸어요.

| 역 | الْمَحَطَّةِ | 다가오는, 다음의 | الْقَادِمَةِ |

غَادَرَ [가-다라] 그는 떠났다

그는 말도 없이 **가더라**.

غَادَرَ الْبَيْتَ قَبْلَ قَلِيلٍ.
[가-다라 알바이트 까블라 깔릴]

그는 조금 전에 집을 떠났어요.

| 집 | الْبَيْتَ | 전에 | قَبْلَ | 조금 | قَلِيلٍ |

قَابَلَ [까-발라] 그는 만났다

그 애를 만나면 내 모든게 **까발려**져서 싫어요.

قَابَلَ حَمْدَانُ صَدِيقًا أَمْسِ.
[까-발라 함단 쏴디-깐 암쓰]

함단은 어제 친구를 만났어요.

| 친구 | صَدِيقًا | 어제 | أَمْسِ |

زَارَ [자-라] 그는 방문했다

'ZARA'가 **봤니**? 난 어제 방문했어.

زَارَ مُحَمَّدٌ بَيْتَ صَدِيقِهِ أَمْسِ.
[자-라 무함마드 바이트 쏴디-끼히 암쓰]

무함마드는 어제 친구 집을 방문했어요.

| 집 | بَيْتَ | 그의 친구 | صَدِيقِهِ | 어제 | أَمْسِ |

그는 방송했다 _ 그는 잤다 　**가**

بَثَّ [밧싸] 그는 방송했다

어제 방송 봤어?

بَثَّتْ مَحَطَّةُ التِّلْفِزْيُون أَمْسِ آخِرَ حَلْقَةٍ.
[밧싸트 마핫따 앗틸피지윤 암쓰 아-키르 할까]

어제 방송국은 마지막 회를 방영했어요.

국, 스테이션	مَحَطَّةُ	TV	التِّلْفِزْيُون
어제	أَمْسِ	마지막	آخِرَ	회, 시리즈	حَلْقَةٍ

تَعَلَّمَ [타알라마] 그는 배웠다
○○167p

다 알려면 배워야 해요.

تَعَلَّمَ الطَّالِبُ الثَّقَافَةَ الْعَرَبِيَّةَ فِي الْجَامِعَةِ.
[타알라마 앗딸-립 앗싸까-파 알아라비야 필 좌-미아]

그 학생은 대학교에서 아랍문화를 배웠어요.

그 학생	الطَّالِبُ	문화	الثَّقَافَةَ
아랍의	الْعَرَبِيَّةَ	~에서	فِي	대학교	الْجَامِعَةِ

جَاءَ [좌-아] 그는 왔다
○○189p

자 왔으니 회의를 시작합시다.

جَاءَ خَبَرٌ سَعِيدٌ.
[좌-아 카바르 싸이-드]

기쁜 소식이 왔어요.

소식	خَبَرٌ	기쁜, 행복한	سَعِيدٌ

نَامَ [나-마] 그는 잤다
○○188p

아까 잤던 학생들 다 남-아.

نَامَ الطَّالِبُ فِي مَكْتَبَةِ الْمَدْرَسَةِ.
[나-마 앗딸-립 피 마크타바 알마드라싸]

그 학생은 학교도서관에서 잤어요.

그 학생	الطَّالِبُ	도서관	مَكْتَبَةِ	학교	الْمَدْرَسَةِ

가 그는 죽었다 _ 그리스

مَاتَ
[마-타]
그는 죽었다

<u>맞다</u>, 그 배우 갑자기 죽었다는 소식 들었어요?

مَاتَ الرَّجُلُ الْمَشْهُورُ فِي دِمَشْقَ.
[마-타 앗라줄 알마슈후-르 피 디마슈까]

그 유명한 남자는 다마스커스에서 죽었어요.

| 남자 | الرَّجُلُ | 유명한 | الْمَشْهُورُ | 에, 에서 | فِي |

دَفَعَ
[다파아]
그는 지불했다
●○ 129p

땅을 <u>다 파</u>봐라, 돈이 나오나.

دَفَعَ الْمَبْلَغَ الْكَبِيرَ لِشِرَاءِ الْبِنَاءِ.
[**다파아** 알마블라그 알카비-르 리쉬라-이 알비나]

그는 그 건물을 사기위해 큰 돈을 지불했어요.

| 금액 | الْمَبْلَغَ | 큰 | الْكَبِيرَ |
| 구매를 위해 | لِشِرَاءِ | 건물 | الْبِنَاءِ |

وُلِدَ
[울리다]
그는 태어났다

의사가 막 태어난 아기의 엉덩이를 때려 <u>울리다</u>.

وُلِدَ الشَّاعِرُ فِي بَيْرُوتَ سَنَةَ 1962.
[**울리다** 앗샤-이르 피 바이루-트 싸나 알핀 와 티쓰이미아 와 이쓰나인 와 씨틴]

그 시인은 1962년에 태어났어요.

| 시인 | الشَّاعِرُ | 해, 년 | سَنَةَ |

ضَمَّ
[담마]
그는 포함했다

다 포함해서 <u>담아</u>주세요.

ضَمَّ التَّقْرِيرُ الْكَثِيرَ مِنَ الْأَسْرَارِ.
[**담마** 앗타끄리-르 알카씨-르 미날 아쓰라-르]

그 보고서는 많은 비밀들을 포함했다.

| 보고서 | التَّقْرِيرُ | 많은 | الْكَثِيرَ مِنْ | 비밀들 | الْأَسْرَارِ |

اَلْيُونَانُ
[알유난-]
그리스

<u>유난</u>히 아름다운 그리스.

هَلْ زُرْتَ الْيُونَانَ؟
[할 주르타 **알유난-**]

당신(남자)은 그리스를 가봤어요?

| ~입니까(의문사) | هَلْ | 당신(남성)은 방문했다 ●○ 184p | زُرْتَ |

28

رَسْم [라씀] 그림	그림 좀 제대로 그려! 아라쏨(알았음)
	كَيْفَ أَسْتَطِيعُ الْاِسْتِفَادَةَ مِنْ مَوْهِبَةِ الرَّسْمِ؟ [카이파 아쓰타띠-우 알이쓰티파-다 민 마우히바 앗**라씀**]
	어떻게 그림 재능을 활용할 수 있을까요?
	어떻게(의문사) — كَيْفَ / 나는 할 수 있다 — أَسْتَطِيعُ ●○193p
	~을 활용함 — الْاِسْتِفَادَة (مِنْ) / 재능 — مَوْهِبَة

عَضَلَات [아돨라-트] 근육(들)	역시 운동을 했더니 근육이 아 달라.
	الْعَضَلَاتُ أَثْقَلُ مِنَ الدُّهُونِ. [알**아돨라-**트 아쓰깔 민낫 두훈]
	근육은 지방보다 무겁다.
	~보다 더 무거운 — أَثْقَلُ مِنْ / 지방 — الدُّهُون

ذَهَب [다합] 금	이 금 다합쳐서 얼마에요?
	يُسَمَّى النَّفْطُ بِالذَّهَبِ الْأَسْوَدِ. [유쌈마 앗니프뜨 빗**다합** 알아쓰와드]
	석유는 검은 금이라고 불리워요.
	~라고 불리운다 — يُسَمَّى بِ ... / 석유 — النَّفْط / 검은 — الْأَسْوَد

مَتْن [마튼] 기내에, 승선시에	승무원들은 기내에서 맡은 바 임무를 잘 해주세요.
	بَدَأَ الطِّفْلُ يَبْكِي عَلَى مَتْنِ الطَّائِرَةِ. [바다아 앗띠플 야브키 알라 **마트**니 앗따-이라]
	아이가 기내에서 울기 시작했다.
	그는 시작했다 — بَدَأَ ●○175p / 아이 — الطِّفْل
	그는 운다 — يَبْكِي / 비행기 — الطَّائِرَة

 기린 _ 깊은

زَرَافَة
[자라-파]
기린

기린은 목이 계속 자라나봐.

تُوجَدُ زَرَافَةٌ فِي حَدِيقَةِ الْحَيَوَانَاتِ.
[투우좌드 자라-파 피 하디-까 알하야와나-트]

그 동물원에는 기린이 있어요.

| 그것(여성)은 있다, 존재한다 | تُوجَدُ ○180p | 공원 | حَدِيقَة | 동물들 | الْحَيَوَانَات |

مُهَنْدِسٌ
[무한디쓰]
기술자

기술자라고 무한 디쓰 하는 건 옳지 않아요.

يَعْمَلُ الْمُهَنْدِسُ فِي الشَّرِكَةِ الْكَهْرَبَائِيَّةِ.
[야으말루 알무한디스 핏 샤리카 알카흐라바-이야]

그 기술자는 전기회사에서 일하고 있어요.

| 그는 일한다 | يَعْمَلُ ○139p | 회사 | الشَّرِكَة | 전기의 | الْكَهْرَبَائِيَّة |

قِطَارٌ
[끼따-르]
기차

기-다란 기차 타러가요.

يَصِلُ الْقِطَارُ فِي السَّاعَةِ السَّابِعَةِ.
[야씰루 알끼따-르 피 앗싸-아 앗싸-비아]

기차는 7시에 도착해요.

| 그것(남성)은 도착한다 | يَصِلُ ○181p | ~에 | فِي |
| 시 | السَّاعَة | 일곱번째의 | السَّابِعَة |

عَمِيقٌ
[아미-끄]
깊은

넘 깊어서 아미끄러질뻔 했어.

عَيْنُكِ مِثْلَ بَحْرٍ عَمِيقٍ أَزْرَقَ.
[아이누키 미쓸라 바흐르 아미-끄 아즈라끄]

당신(여성)의 눈은 깊은 푸른 바다같아요.

| 너(여성)의 눈 | عَيْنُكِ | ~처럼, ~과 같이 | مِثْلَ |
| 바다 | بَحْر | 파란, 푸른 | أَزْرَق |

꽃 _ 끝 **가**

زَهْرَة
[자흐라]
꽃

꽃들이 잘 **자라야** 할텐데···.

تَتَفَتَّحُ زَهْرَةُ الْكَرَزِ فِي الرَّبِيعِ.
[타타팟타흐 **자흐라** 알카라즈 피 앗라비-이]

봄에는 벚꽃이 핍니다.

| 그것(여성)은 꽃을 피운다 | تَتَفَتَّحُ | 벚나무 | الْكَرَزِ | 봄 | الرَّبِيعِ |

عَسَل
[아쌀]
꿀

아싸 꿀이다.

ضَعْ الْعَسَلَ بَدَلًا مِنَ السُّكَّرِ.
[다으 알**아쌀** 바달란 민낫 쑤카르]

설탕대신 꿀을 넣어보세요.

| 넣으세요(명령형, 남성에게) ●○182p | ضَعْ | 대신에 | بَدَلًا مِنَ | 설탕 | السُّكَّرِ |

Tip ضَعْ는 '넣어라'라는 의미로서 동사의 명령형이며 남성에게 사용합니다. 여성에게는 ضَعِي 라고 합니다.

حُلْم
[훌므]
꿈

스톡홀름에 가는 게 내 꿈이에요.

تَحَقَّقَ حُلْمِي!
[타핫까까 **훌미**]

내 꿈이 이루어졌어요!

| 그것은 실현되었다, 이루어졌다 ●○166p | | | | | تَحَقَّقَ |

نِهَايَة
[니하-야]
끝

얼굴이 다 탔네! **니 하얀** 피부도 끝이야.

لَا تَتَوَقَّفْ حَتَّى النِّهَايَةِ.
[라 타타왓까프 핫타 안**니하-야**]

끝까지 중지하지 마세요.

| 당신(남성)은 중지한다 ●○170p | تَتَوَقَّفْ | ~까지 | حَتَّى |

문화

아랍 문화 이야기 (1)

'알라후 아크바르' (알라는 가장 위대하다)

"اللّٰه أكبَر" '알라후 아크바르'는 '알라는 위대하다', '알라는 가장 위대하다'의 의미이다. 하루 다섯 번 예배를 볼 때, 기도시간을 알리는 아잔에서 사용되며, 가축을 도축할 때, 순례 등 특별한 경우 외에도 일상생활에서 기쁠 때나, 슬픔을 느낄 때, 행복할 때, 그 외 다양한 상황에서 무슬림들이 자주 사용하는 표현이다. 이라크나 이란 국기에 등장하며 리비아의 옛 국가의 주제이기도 했다. 튀니지에서 촉발되어, 이집트, 시리아 등으로 퍼져 나간 '아랍의 봄' 시위 당시 시위대들의 구호였으며 월드컵과 같은 축구경기에서 경기에 우승하면 관중들이 거리에서 '알라후 아크바르'를 외치며 기쁨을 나누는 모습을 종종 볼 수 있다. 이와 같이 '알라후 아크바르'는 무슬림이 알라에 대한 자신의 신앙심을 확인하기 위한 최상의 표현이다. 그러나, 유감스럽게도 오늘날 미국을 비롯한 서구국가에서는 죽음을 연상시키는 표현으로 인식되고 있다. 그 시작은 2001년 9.11테러로 거슬러 올라가 테러 용의자의 가방에서 '알라후 아크바르라고 외쳐라' 라고 적인 종이들이 발견되었기 때문이다. 언론매체들은 IS를 비롯한 테러단체들이 민간인을 대상으로 한 테러를 자행하기 직전에 '알라후 아크바르'를 외쳤다는 목격자들의 말을 보도하면서 '알라후 아크바르'는 부정적인 이미지로 편중되었다. 수년 전 미국 맨하탄 시내에서 트럭이 시민들을 향해 돌진해 여덟 명이 사망하고, 스무 명이 부상당한 테러에서도 어김없이 '알라후 아크바르'를 들었다는 목격자들의 말이 전해졌으며, 가장 최근에도 크리스마스를 앞두고 프랑스 동북부에서 총기를 난사해 16명의 사상자가 발생한 테러에서 목격자들은 용의자들이 '알라후 아크바르'를 외쳤다고 진술했다. 예전과 같이 일상 생활에서 '알라후 아크바르'를 언급하던 무슬림들은 전과 달리 따가운 눈총을 받거나, 의심의 대상이 되거나 심지어는 신고 당하는 수모를 겪기도 한다.

나는~을 하고 싶다 _ 나쁜

أُرِيدُ
[우리-두]

나는 ~을 하고 싶다
○○191p

우리두 가고 싶어요.

أُرِيدُ أَنْ أُسَافِرَ إِلَى الْأُرْدُنِّ.
[**우리-두** 안 우싸-피르 일라 알우르둔]

전 요르단을 여행하고 싶어요.

나는 여행한다	أُسَافِرَ	~로	إِلَى	요르단	الْأُرْدُنِّ
○○154p					

Tip أُرِيدُ 다음에 명사나 동명사를 넣어 '~을 하고 싶다'로 표현하는데, 만일 동사를 넣고 싶다면 أُرِيدُ 뒤에 أَنْ 을 넣고 그 다음에 동사를 쓰면 됩니다. 이때 동사의 마지막자음의 모음은 접속형 (ـَـ)이 옵니다.

بَلَدٌ
[발라드]

나라

그 가수는 **발라드** 한 곡으로 나라를 평정했어요.

يَقُولُ الْعَرَبُ إِنَّ كُورِيَا بَلَدٌ جَمِيلٌ.
[야꾸울 알아랍 인나 쿠리야 **발라드** 좌밀-]

아랍사람들은 한국이 아름다운 나라라고 말해요.

그는 말한다	يَقُولُ	아랍사람들	الْعَرَبُ
○○186p			
한국	كُورِيَا	아름다운	جَمِيلٌ

سَيِّئٌ
[싸이]

나쁜

왜 가수 '**싸이**'를 보고 나쁘다고 해요?

هُنَاكَ فِيلْمٌ بِعُنْوَانِ "لِصٌّ سَيِّئُ الْحَظِّ".
[후나-카 필름 비우느완 '리쓰 **싸일** 핫드']

"운나쁜 도둑"이라는 제목의 영화가 있어요.

거기에는	هُنَاكَ	영화	فِيلْمٌ
~라는 제목의	بِعُنْوَانِ	도둑	لِصٌّ	운	الْحَظِّ

나이 많은 _ 날씬한

مُسِنٌّ [무씬] 나이 많은

무슨 나이가 중요해요?

لَعِبَ الْمُمَثِّلُ دَوْرَ "رَجُلٌ مُسِنٌّ" فِي الْفِيلْمِ.
[라이바 알무맛씰 다우라 라줄 **무씬** 피 알필름]

영화에서 그 배우는 '나이 많은 남자' 역할을 했어요.

الْمُمَثِّلُ	배우	لَعِبَ	그는 놀았다, (역할을)담당했다
الْفِيلْمِ	영화	رَجُلٌ	남자	دَوْرَ	역할, 차례

جَوٌّ [좌우] 날씨

좌우지간 날씨가 좋아야할텐데.

كَانَ الْجَوُّ أَمْسِ مُشْمِسًا.
[카-나 알좌우 암쓰 무슈미싼]

어제 날씨는 화창했어요.

| مُشْمِسًا | 화창한 | أَمْسِ | 어제 | كَانَ | 그것(남성)은 ~였다 |

مُنَاخٌ [무나-크] 날씨, 기후

모나코의 날씨는 오늘도 맑음이에요.

نُوَاجِهُ تَغَيُّرَ الْمُنَاخِ حَالِيًا.
[누와-쥐후 타가유르 알**무나-크** 할-리얀]

우리는 현재 기후변화를 직면하고 있어요.

| حَالِيًا | 현재 | تَغَيُّرَ | 변화 | نُوَاجِهُ | 우리는 직면한다 |

نَحِيفٌ [나히-프] 날씬한

내 **히프** 어때? 날씬하지?

أَنْتِ نَحِيفَةٌ، لَا تَحْتَاجِينَ إِلَى الرِّجِيمِ.
[안티 **나히-**파, 라 타흐타진- 일라 앗리쥠]

너(여성) 날씬해요, 다이어트 필요없어요.

| الرِّجِيمِ | 다이어트 | تَحْتَاجِينَ (إِلَى) | 당신(여성)은 필요로 한다 | أَنْتِ | 당신(여성) |

남자형제 _ 녹색(여성) **나**

أَخٌ
[아크]
남자형제

아크 형한테 또 혼나겠다.

عِنْدِي أَخٌ كَبِيرٌ وَأَخٌ صَغِيرٌ. أَنَا الْأَوْسَطُ.
[에인디 **아크** 카비-르 와 **아크** 싸기-르. 아나 알아우싸뜨]

나는 형과 남동생이 있어요. 나는 중간이에요.

나에게는 있다	عِنْدِي	큰, 나이가 많은	كَبِيرٌ
작은, 나이가 적은	صَغِيرٌ	나는	أَنَا	중간, 가운데	الْأَوْسَطُ

غَدًا
[가단]
내일

과제, 내일까지 하면 안될까요? 가당치도 않는 소리!

سَأَرَاكَ غَدًا.
[싸아라-카 **가단**]

내일 만나요.

나는 너(남성)을 볼 것이다	سَأَرَاكَ

○○190p

أَنْتِ
[안티]
너(여자)

너가 예뻐서, 안티가 있는 거에요.

هَلْ أَنْتِ طَالِبَةٌ فِي هَذِهِ الْجَامِعَةِ؟
[할 **안티** 똴-리바 피 하디힐 좌-미아]

당신(여성)은 이 학교 학생이에요?

입니까(의문사)	هَلْ	(여)학생	طَالِبَةٌ
이, 이것(여성)	هَذِهِ	대학교	الْجَامِعَةِ

أَخْضَرُ
[아크돠르]
녹색

저 녹색 건물 와 크더라.

سَأَشْرَبُ الشَّايَ الْأَخْضَرَ.
[싸아슈랍 앗샤-이 알**아크돠르**]

저는 녹차를 마실래요.

나는 마실것이다	سَأَشْرَبُ	차, tea	الشَّايَ

○○134p

خَضْرَاءُ
[카드라]
녹색(여성)

야채가 몸에 좋다고 카더라.

وَقَعَتِ الثَّوْرَةُ الْخَضْرَاءُ فِي أَفْرِيقِيَا.
[와까아티 앗싸우라 알**카드라** 피 아프리끼야]

아프리카에서 녹색혁명이 일어났어요.

그것(여성)은 일어났다	وَقَعَتِ	혁명	الثَّوْرَةُ	아프리카	أَفْرِيقِيَا

나 농담, 장난 _ 눈썹

مَزْح
[마즈흐]
농담, 장난

에이, 농담한거지? 맞아 ㅎ.

لَا تَسْخَرْ مِنْ مَزْحِي.
[라 타쓰쿠르 민 마즈히]

내 농담에 비웃지 마세요.

| 부정 | لَا | 당신(남성)은 비웃는다 | تَسْخَرْ (مِنْ) |

Tip 부정을 의미하는 لَا 뒤에 미완료동사(단축법-마지막 자음의 모음이 스쿤 ْ 으로 끝남)가 오면 부정명령문으로서 '~하지 말아요'의 의미입니다.

ثَلْج
[쌀주]
눈

눈이 쌀 처럼 내려요.

يَسْقُطُ الثَّلْجُ مِثْلَ الْأُرْزِ.
[야쓰꾸뚜 앗쌀주 미쓸라 알우르즈]

눈이 쌀처럼 내리네요.

| 그것은 떨어진다, 내린다 | يَسْقُطُ | ~처럼 | مِثْلَ | 쌀 | الْأُرْزِ |

عَيْن
[아인]
눈

저 아인 눈이 참 예뻐요.

تُشْبِهُ عَيْنُكِ عَيْنَ غَزَالٍ.
[투슈비후 아이누키 아이나 가잘]

네(여성) 눈은 가젤 눈 같아요.

| 그것은(여성) 닮는다 | تُشْبِهُ | 당신(여성)의 눈 | عَيْنُكِ | 가젤, 영양 | غَزَالٍ |

Tip 신체 중에서 눈, 귀, 손, 팔, 발, 다리와 같이 쌍으로 된 단어의 성은 여성입니다. 따라서 신체 어휘명사를 주어로 하는 미완료동사는 앞에 3인칭 여성단수인 (تْ)가 옵니다.

حَاجِب
[하-집]
눈썹

하아… 집에 인조 속눈썹 두고 왔네.

يُسَاهِمُ الْحَاجِبُ فِي حِمَايَةِ الْعَيْنِ.
[유싸-히무 알하-집 피 히마-야트 알아인]

눈썹은 눈을 보호하는데 도움이 되요.

| 그것(남성)은 기여한다 | يُسَاهِمُ (فِي) | 보호 | حِمَايَةِ | 눈 | الْعَيْنِ |

●○156p

문화

아랍 문화 이야기 (2)

'비쓰밀라' (알라의 이름으로)

최근 국내를 비롯한 전 세계 극장가를 뜨겁게 달 군 영화 '보헤미안 랩소디'는 영국 밴드 '퀸'의 수 많은 명곡 중에서도 가장 대표적인 곡의 제목이다. 이 노래에는 이례적으로 아랍어가 나오는 데 바로, "بسم الله" '비쓰밀라'(알라의 이름으로)이다. 주인공 프레디 머큐리 역을 맡은 배우 '라미 말렉'이 이집트출신의 미국 이민자가정임을 감안한다면 이 배우가 영화에 캐스팅되어 직접 '비쓰밀라'를 외치게 된 것은 어쩌면 운명일 지도 모른다. "بسم الله"는 "بسم الله الرَّحْمَنِ الرَّحِيمِ" '비쓰밀라-히 라흐마닐 라히-임'을 줄인 말로 원래의 의미는 '자비롭고 자애로운 알라의 이름으로'다. 이슬람 코란 맨 처음에 나오는 구절이기도 하며, 식사를 할 때나, 연설을 할 때, 그 밖에 무슬림이 일상생활에서 어떤 일이나 행위를 시작하기 전에 하는 말이다. 또한 할랄푸드로서 가축을 도축할 때도 도축하기 전 사용하는 표현이다.(반면에 식사를 마쳤을 경우, 혹은 어떤 일이 무사히 잘 끝났을 경우에는 "الحمدُ لله" '알 함두 릴라'(알라에게 찬양을) 라고 한다.)

'알함두 릴라' (알라에게 찬양을)

"الحمدُ لله" '알함두 릴라'는 안부를 묻는 인사말 '어떻게 지내세요?'에 대한 대답으로 '나는 잘 지냅니다'라고 말한 후 사용되어, '나는 잘 지냅니다, 알라의 덕분입니다'라는 의미로 표현된다. 또한 '알함두 릴라'는 어떤 일을 무사히 마쳤거나 잘 끝났을 때, 식사가 끝났을 때 감사의 표현으로도 사용된다. 무슬림들은 어떤 일을 무사히 잘 할 수 있었던 것이 모두 알라의 덕분으로 믿고 있다. 영어로는 'Praise be to God', 외에 'Thanks God' 라고도 해석된다. "الحمد" '알함두'는 동사 'H-M-D' 에서 파생되었는데, '알라를 찬양하다'의 뜻이다. 따라서 무슬림들은 아들이 태어났을 때 이 어근을 바탕으로 한 이름을 선호하며 대표적으로 '무함마드', '아흐마드'가 있다. 아랍 남자 이름 중에 가장 많은 수를 차지하는 이유이기도 하다. 그 외에도 '하-미드', '마흐무-드', '하무-드', '함단', '함둔' 등의 이름도 인기있다.

'마샤알라' (알라가 원하셨던 바)

"ما شاء الله"('마 샤알라')는 알라가 원하셨던 바의 의미를 가진 표현으로, 어떤 일에 대한 감탄이나 기쁨, 칭찬 등 긍정의 대답이다. 영어로는 'God has willed', 'God willing', 'as God willed', 등으로 해석할 수 있다. 알제리, 수단 등 이슬람 국가에서 자동차, 버스와 같은 교통 수단을 이용할 때 쉽게 발견할 수 있다. 이는 이슬람 국가에서 어떤 일에 대하여 악한 눈(evil eye) 로부터 알라의 보호를 기원하는 의미로도 사용되기 때문이다.

다리 주물러 주세요.

رِجْل [리줄] 다리	تَتَكَوَّنُ الرِّجْلُ مِنْ مَفَاصِلَ وَعَضَلَاتٍ. [타타카완 앗리줄 민 마파-쉴 와 아달라-트]				
	다리는 관절과 근육으로 구성되어있어요.				
	그것(여성)은 ~로 구성되어있다				تَتَكَوَّنُ (مِنْ)
	관절들	مَفَاصِلَ	그리고	و	근육들	عَضَلَاتٍ

그 다이아몬드 사는 데 얼마였어요?

الْمَاس [알마-쓰] 다이아몬드	تَرْتَدِي خَاتِمَ الْمَاسِ الْكَبِيرَ. [타르타디 카-팀 알마-쓰 알카비-르]				
	그녀는 큰 다이아반지를 끼고 있어요.				
	그녀는 입는다	تَرْتَدِي	반지	خَاتِمَ	큰	الْكَبِيرَ

할아버지들은 단 것을 좋아하셔.

حَلْوَى [할와] 여성 단 것	تَحْتَوِي الْحَلْوَى الْعَرَبِيَّةُ عَلَى كَمِّيَةٍ كَبِيرَةٍ مِنَ السُّكَّرِ. [타흐타위 알할와 알아라비야 알라 캄미야 카비-라 민낫 쑤카르]				
	아랍디저트는 많은 양의 설탕을 포함하고 있어요.				
	그것은 ~을 포함한다	تَحْتَوِي (عَلَى)	아랍의			الْعَرَبِيُّ
	양	كَمِّيَة	큰, 많은	كَبِيرَة	설탕	السُّكَّر

다 단식 _ 당근

صَوْمٌ
[싸움]
단식

단식 중에는 **싸움**도 안돼요.

فِي شَهْرِ الصَّوْمِ، لَا يَأْكُلُ الْمُسْلِمُونَ وَلَا يَشْرَبُونَ فِي النَّهَارِ.
[피 샤흐리 앗**싸움**, 라 야으쿨 알무슬리문 왈 라 야슈라분 핏 나하-르]

단식월에는 무슬림들은 낮동안 먹지 않고 마시지 않아요.

| 에, 에서 | فِي | 달, 월 | شَهْرِ | 그는 먹는다 | يَأْكُلُ ○174p |
| 무슬림들 | الْمُسْلِمُونَ | 그들은 마신다 | يَشْرَبُونَ ○134p | 낮 | النَّهَارِ |

> **Tip** 아랍어 문장에서 동사가 먼저 나올경우에는 주어가 단수든 복수든 상관없이, 여성 혹은 남성에만 맞추어 단수동사를 쓰면 됩니다.

قَمَرٌ
[까마르]
달

가마를 그렇게 타면 얼굴이 달덩이처럼 커보이잖아.

مَاذَا يَحْدُثُ عِنْدَمَا يُصْبِحُ الْقَمَرُ بَدْرًا؟
[마-다 야흐두쓰 에인다마 유쓰비흐 알**까마르** 바드란]

달이 보름달이 되면 무슨 일이 생기나요?

| 무엇(의문사) | مَاذَا | 그것(남성)은 발생한다 | يَحْدُثُ |
| ~할 때 | عِنْدَمَا | 그것(남성)은 된다 | يُصْبِحُ ○162p | 보름달 | بَدْرًا |

دَجَاجٌ
[다좌-주]
닭

닭 가슴살은 **다져주**세요.

يَأْكُلُ حَمَدٌ صَدْرَ الدَّجَاجِ فَقَطْ.
[야으쿨 하마드 쏴드르 앗**다좌-주** 파까뜨]

하마드는 닭가슴살만 먹어요.

| 그는 먹는다 | يَأْكُلُ ○174p | 가슴 | صَدْرَ | 오직 | فَقَطْ |

جَزَرٌ
[좌자르]
당근

당근은 **자잘**하게 썰어주세요.

عَصِيرُ الْجَزَرِ مُفِيدٌ لِلصِّحَّةِ.
[아씨-르 알**좌자르** 무피-드 리씻하]

당근 주스는 건강에 좋아요.

| 주스 | عَصِيرُ | 유익한 | مُفِيدٌ |
| ~을 위해, ~에게(전치사) | لِـ | 건강 | الصِّحَّةِ |

당신(남) _ 더운 **다**

أَنْتَ
[안타]
당신(남)

싫어! 네(남성) 차 안타!

أَنْتَ كَرِيمٌ وَمُضْحِكٌ.
[안타 카림 와 무드히크]

당신(남성)은 친절하고 웃겨요.

친절한	كَرِيمٌ	웃긴	مُضْحِكٌ

سَفِيرٌ
[싸피-르]
대사

대사도 개인적인 경비는 사비로 써야 합니다.

هُوَ السَّفِيرُ السُّعُودِيُّ الْجَدِيدُ لَدَى كُورِيَا.
[후와 앗싸피-르 앗쑤우-디 알좌디-드 라다 쿠리야]

그는 신임 주한 사우디 대사에요.

그는	هُوَ	사우디, 사우디사람의	السُّعُودِيُّ
앞에, 전에, 거주하는	لَدَى	한국	كُورِيَا

جَامِعَةٌ
[좌-미아]
대학교

대학교에 가면 잠-이와.

أَنَا أُسْتَاذَةٌ فِي جَامِعَةِ "الْقَاهِرَةِ".
[아나 우쓰타-다 피 좌-미아 '알까-히라']

나는 카이로대학교 교수에요.

나는	أَنَا	대학교수(여성)	أُسْتَاذَةٌ
~에, 에서	فِي	카이로	الْقَاهِرَةُ

Tip 카이로는 이집트의 수도입니다.

حَارٌّ
[하-르]
더운

하~~ 너무 덥다.

اَلْجَوُّ حَارٌّ جِدًّا فِي فَصْلِ الصَّيْفِ.
[알좌우 하-르 쥣단 피 파쓸 앗싸이프]

여름엔 날씨가 매우 더워요.

날씨	اَلْجَوُّ	매우	جِدًّا
계절	فَصْلٌ	여름	الصَّيْفُ

다 도둑 _ 돈

لِصٌّ
[리쓰]
도둑

리쓰한 차를 도둑맞았어요!

تَبْحَثُ الشُّرْطَةُ عَنِ اللِّصِ.
[타브하쓰 앗슈르따 안일 리쓰]

경찰이 도둑을 찾고 있어요.

| 그것(여성)은 찾는다 ○122p | تَبْحَثُ (عَنْ) | 경찰 | الشُّرْطَةُ |

مَدِينَةٌ
[마디-나]
도시

메디나는 사우디 아라비아의 도시 이름이에요.

زَارَ مَدِينَةً قَدِيمَةً.
[자-라 마디-나 까디-마]

그는 오래된 도시를 방문했어요.

| 그는 방문했다 ○184p | زَارَ | 오래된 | قَدِيمَةً |

مُسَاعَدَةٌ
[무싸-아다]
도움

도움을 받아 모두 **무사하다**.

شُكْرًا عَلَى مُسَاعَدَتِكَ.
[슈크란 알라 무싸-아다티카]

당신(남성)의 도움에 감사합니다.

| ~에 감사합니다 | | | شُكْرًا عَلَى |

نُقُودٌ
[누꾸-드]
돈

누구든 돈 좀 빌려주세요.

أَنْفَقْتُ كُلَّ النُّقُودِ.
[안파끄투 쿨라 앗누꾸-드]

나는 모든 돈을 써버렸어요.

| 나는 썼다, 소비했다, 지출했다 | أَنْفَقْتُ | 모든 | كُلَّ |

Tip كُلَّ [쿨룬]은 상황에 따라 '각각의', '매'와 '모두'의 의미가 같이 있는데요. 뒤에 비한정단수명사가 오면 '각각의' 의미를, 한정복수명사가 오면 '모두'의 의미를 갖습니다.

돈, 금융, 재정 _ 뒤에 **다**

مَال
[말-]
돈, 금융, 재정

또 돈 얘기 할꺼면 말도 꺼내지마.

تَهُزُّ الأَزْمَةُ أَسْوَاقَ الْمَالِ الْعَالَمِيَّةَ.
[타훗즈 알아즈마 아쓰와-끄 알말- 알아알-라미야]

위기가 세계 금융시장을 흔들고 있다.

| 그것(여성)은 흔든다 | تَهُزُّ | 위기 | الأَزْمَةُ |
| 시장들 | أَسْوَاقَ | 세계의 | الْعَالَمِيَّةَ |

حَيَوَان
[하야완]
동물

하이얀 동물이 뭐가 있지?

هَلْ التِّنِّينُ حَيَوَانٌ حَقِيقِيٌّ؟
[할 앗티닌 하야완 하끼-끼]

드래곤은 실존하는 동물인가요?

| ~입니까(의문사) | هَلْ | 드래곤 | التِّنِّينُ | 실제의 | حَقِيقِيٌّ |

خِنزِير
[킨지-르]
돼지

돼지는 몸을 안 씻어서 간지러.

لَا يَأْكُلُ الْمُسْلِمُ لَحْمَ الْخِنزِيرِ.
[라 야쿨 알무슬림 라흠 알킨지-르]

무슬림은 돼지고기를 먹지 않아요.

| 그는 먹는다 | يَأْكُلُ | 무슬림 | الْمُسْلِمُ | 고기 | لَحْمَ |

○174p

صُدَاع
[쑤다-아]
두통

두통이 있어서 죽을 쑤다.

عِنْدِي صُدَاعٌ قَبْلَ الْإِمْتِحَانِ.
[에인디 쑤다-아 까블라 알임티한-]

전 시험전에 두통이 생겨요.

| 내게는 있다 | عِنْدِي | 전에 | قَبْلَ | 시험 | الْإِمْتِحَانِ |

وَرَاء
[와라-]
뒤에

내 뒤에 와라.

أَيْنَ مَنْزِلُكَ؟ وَرَاءَ الْجَامِعَةِ.
[아이나 만질루카? 와라-알 좌-미아]

당신(남성)의 집이 어디에요? (대)학교 뒤에요.

| 어디(의문사) | أَيْنَ | 너(남성)의 집 | مَنْزِلُكَ | 대학교 | الْجَامِعَةِ |

다

드라마, 연속극 _ 뚱뚱한

مُسَلْسَلٌ
[무쌀쌀]
드라마, 연속극

무 살살 썰어! 드라마 소리가 안 들리잖아!

يَحْظَى الْمُسَلْسَلُ الْكُورِيُّ بِشَعْبِيَةٍ كَبِيرَةٍ.
[야흐돠 알**무쌀쌀** 알쿠리 비샤으비야 카비-라]

그 한국드라마는 큰 인기를 얻고 있어요.

| 그것(남성)은 얻는다 | يَحْظَى (بِ) | 한국의 | الْكُورِيُّ |
| 인기 | شَعْبِيَةٍ | 큰 | كَبِيرَةٍ |

دَافِئٌ
[다피-운]
따뜻한

불 다-피운 거지? 따뜻하네.

قَلْبُكِ دَافِئٌ جِدًّا.
[깔브키 **다-피운** 짓단]

넌(여성) 마음이 무척 따뜻하구나.

| 너(여성)의 마음 | قَلْبُكِ | 매우 | جِدًّا |

ابْنَةٌ
[이브나]
딸

내 딸 이쁜아~

لَدَيَّ ابْنَةٌ عُمْرُهَا خَمْسَةُ أَعْوَامٍ.
[라다이야 **이브나** 우므루하 캄싸 아으왐]

나에게는 5살인 딸이 있어요.

| 내게는 있다 | لَدَيَّ | 그녀의 나이 | عُمْرُهَا |
| 5 | خَمْسَةُ | 해(복수) | أَعْوَامٍ |

سَمِينٌ
[싸민-]
뚱뚱한

뚱뚱하다고 너무 싸매면 안되요.

جَعَلَتْنِي الْأَكَلَاتُ السُّكَرِيَةُ سَمِينًا.
[좌알라트니 알아클라-트 앗쑤카리야 **싸미-난**]

단 음식들이 날 뚱뚱하게 만들었어요.

그것(남성)이 나를 만들었다	جَعَلَتْنِي		
●○ 123p			
먹을것들, 음식들	الْأَكَلَاتُ	단	السُّكَرِيَةُ

아랍 문화 이야기 (3)

'인샤알라' (알라가 원하신다면)

"إن شاء الله" '인샤알라' 의미는 '알라가 원하신다면', 영어로는 'God willing', 'it is to be hoped', 'I hope', 'probably', 'it is planned' 등 다양한 표현으로 해석이 가능하다. 2016년, 미국의 저명한 국제문제 전문지 'Foreign Policy'은 '어떻게 하여 "إن شاء الله" '인샤알라'가 미국 내 트럼프 반대파들의 구호가 되었는가'에 관한 글을 게재했다. 이에 따르면, '인샤알라'가 미국사회에 스며들어 많은 미국인들에 의해 이슬람포비아에 대항하여 그들의 문화, 지식 혹은 연대를 보여주기 위한 구호로 사용되기 시작했다는 것이다. 이슬람포비아에 대한 거짓된 선전이 늘어날수록 그에 대적하는 문화적인 저항도 늘어났다. 미국인들이 자신의 말에 '인샤알라'를 한번 이상 말함으로서 "이슬람과 아랍어는 악마이다"라는 믿음에 소심하게 저항하고 있음을 보여주는 것과 동시에 직접적으로 반격하기도 한다. 현재 '인샤알라'는 미국무부 내 젊은 세대들 사이에서 유행하고 있다. 또한 이 지역을 취재한 경험이 있는 언론인, 그리고 이라크 전이나 아프가니스탄전에 참전했던 군인들 사이에서, 습관적으로 사용되는데, 심지어 중동에 대한 경험이 전혀 없는 직원도 "비정부개발기구에서는 모든 사람들이 사용하기 때문에 자신도 배웠다"라고 하며 즐겨 사용하게 되었다고 한다. '알라후 아크바르'(알라는 가장 위대하다)와 같은 이슬람 표현은 미국에서는 금기어로 인식될 만큼 부정적인데, '인샤알라'에 대한 미국인들의 긍정적인 반응의 이유는 무엇일까? 많은 이슬람 표현들 중에 왜 굳이 '인샤알라'일까? 그 이유는 '인샤알라'가 거부할 수 없이 유용한 표현이기 때문이다. 그것은 인간이 미래를 예견하거나 통제할 수 없음을 인정하는 것이고 보다 위대한 존재가 그의 전지전능하신 손에 인간의 유약한 계획들을 쥐고 있다는 믿음에 귀를 기울이고 있음을 보여준다.

국내에서는 1997년 이영애 최민수 주연으로 개봉한 영화 제목으로 사용되었으며 이 영화는 1994년 동명의 원작소설을 모티브로 하여, 알제리 사막을 배경으로 남한의 젊은 여성과 북한 장교의 금지된 사랑을 다룬 장편 소설로서, 사하라 사막을 배경으로 남북한 젊은이들의 애틋한 사랑이라는 파격적인 소재로 독자들의 큰 호응을 얻었다.

아랍국가에서 사업 혹은 거주를 한 사람이라면 '인샤알라' 라는 표현 때문에 울화통 터지는 경험을 다들 몇 번씩은 가지고 있다. 마치 거래를 성사할 것처럼 약속하고 최종 결제를 앞둔 상황에서 '인샤알라'를 끝으로 헤어지고 나면 계약이 실제 이루어지지 않았다는 사람들이 더 많았다. 약속을 할 때에도 '인샤알라'라고 하면서 결국 나타나지 않았거나, 약속을 지키지 않은 사람들 때문에 '인샤알라'는 반반의 확률을 가진 혹은 보다 부정적인 표현으로 인식되어 있다. 심지어 어떤 사람들은 거래 상대 측이 '인샤알라'라고 하면 질색을 하며 무조건 'Yes or No'로만 대답하라고 강요하기도 했다고 한다. 하지만, '인샤알라'는 99%의 진심과 긍정을 담은 표현이다. 언제든 그 1%의 예측 불가능한 변수를 악용하려는 사람들로 인해 오해를 사고 불신이라는 오명을 얻었을 뿐.

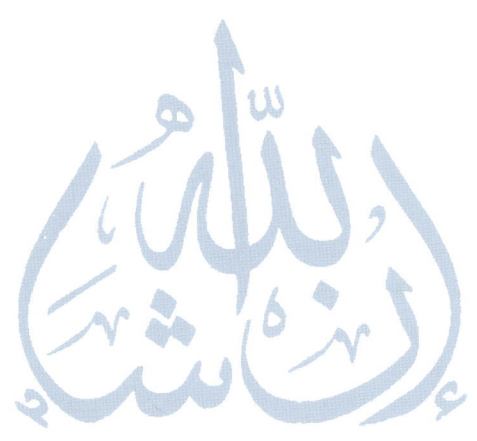

마음, 심장 _ 말

قَلْبٌ [깔브] 마음, 심장	내 마음 깔보려 하지 마.				
	يُؤَثِّرُ مَرَضُ الْقَلْبِ عَلَى وَظِيفَةِ الْقَلْبِ. [유앗씨르 마라둘 깔브 알라 와디-파틸 깔브]				
	심장병은 심장기능에 영향을 끼쳐요.				
	그것(남성)은 ~에 영향을 끼친다	يُؤَثِّرُ (عَلَى) ●○148p	질병	مَرَضٌ	기능	وَظِيفَةٌ

عَصَا [아싸-] 막대기, 지팡이	아싸~~ 나 이제 지팡이 없이도 걸을 수 있게 되었어요!			
	مَشَيْتُ بِدُونِ عَصَا. [마샤이투 비두-니 아싸]			
	나는 지팡이 없이 걸었어요.			
	나는 걸었다	مَشَيْتُ	~없이	بِدُونِ

كَلَامٌ [칼람-] 말	이번 칼럼에 쓴 말이 참 좋았어요.			
	كَلَامُكَ غَيْرُ صَحِيحٍ. [칼라-무카 가이루 쏴히-힌]			
	당신(남성)의 말은 옳지 않아요.			
	非, [부정]	غَيْرُ	옳은, 맞는	صَحِيحٌ

마
말해 _ 먼

قُلْ [꿀] 말해

꿀먹은 벙어리처럼 있지 말고 말하세요.

لَا تَكْذِبْ! قُلْ الْحَقِيقَةَ!
[라 타크딥. **꿀** 알하끼-까]

거짓말 하지마! 진실을 말해!!

| 당신(남성)은 거짓말한다 | تَكْذِبُ | 사실, 진실 | الْحَقِيقَةَ |

رَأْسٌ [라으쓰] 머리

머리도 나쁘게 뭐 **라으쓰**대노.

مَا هُوَ وَزْنُ رَأْسِ الْإِنْسَانِ؟
[마 후와 와즌 **라으쓰** 알인싼]

인간의 머리 무게는 얼마일까?

| 무엇(의문사) | مَا | 그것은 | هُوَ |
| 무게 | وَزْنُ | 인간 | الْإِنْسَانِ |

Tip رَأْس 뒤에 '해;년'을 의미하는 السَّنَة를 넣어 رَأْس السَّنَة라고 하면 '새해'가 되구요, '금융, 돈'을 의미하는 الْمَال을 넣어 رَأْس الْمَال 라고 하면 '자본'이라는 뜻입니다.

شَعْرٌ [샤으르] 머리카락

나는 **샤워**할 때 머리를 먼저 감아요.

أَغْسِلُ شَعْرِي صَبَاحًا.
[아그씰 **샤으리** 싸바-한]

나는 아침에 머리를 감아요.

| 나는 씻는다 | أَغْسِلُ | 아침에 | صَبَاحًا |

بَعِيدٌ [바이-드] 먼

바위들이 넘 많아서 정상이 더 멀게 보여요.

يَقَعُ بَيْتِي فِي مِنْطَقَةٍ بَعِيدَةٍ عَنْ هُنَا.
[야까우 바이티 피 민따까 **바이-**다 안 후나]

우리집은 여기에서 먼 지역에 있어요.

| 그것(남성)은 위치한다 | يَقَعُ | 나의 집 | بَيْتِي |
| 지역 | مِنْطَقَةٍ | ~로부터 먼 | بَعِيدَةٍ (عَنْ) | 여기 | هُنَا |

모두 _ 무게

جَمِيعًا
[좌미-안]
모두

모두 잠이 안 오니?

نَحْنُ جَمِيعًا نَفْتَخِرُ بِكَ.
[나흐누 좌미-안 나프타키르 비카]

우리는 모두 당신(남성)을 자랑스러워하고있어요.

| 우리는 | نَحْنُ | 우리는 ~을 자랑스러워한다 | نَفْتَخِرُ (ب) |

قِلَادَةٌ
[낄라-다]
목걸이

목걸이 낄라다가 말았어요.

وَجَدَتْ مُنِيرَةُ الْقِلَادَةَ الذَّهَبِيَّةَ فِي الْغُرْفَةِ.
[와좌다트 무니-라 알낄라-다 앗다하비야 필 구르파]

무니라는 방에서 금목걸이를 발견했어요.

| 그녀는 발견했다 | وَجَدَتْ | 금의, 금으로 된 | الذَّهَبِيَّة | 방 | الْغُرْفَة |
○180p

جِسْمٌ
[쥐씀]
몸

내 몸이 멋져서 기분 좋아 지쑴(젔음).

يَحْتَاجُ جِسْمُ الْإِنْسَانِ إِلَى الْمَاءِ.
[야흐타-주 쥐씀 알인싼- 일라 알마-]

인체는 물을 필요로 해요.

| 그것(남성)은 ~을 필요로 한다 | يَحْتَاجُ (إِلَى) | 인간 | الْإِنْسَان | 물 | الْمَاء |

ثَقِيلٌ
[싸낄-]
무거운

무거운 물질들은 섞이질 않아요.

تَحْمِلُ حَقِيبَةً ثَقِيلَةً.
[타흐밀 하끼-바 싸낄-라]

그녀는 무거운 가방을 들고 있어요.

| 그녀는 든다 | تَحْمِلُ | 가방 | حَقِيبَة |
○125p

وَزْنٌ
[와즌]
무게

너는 이 와중에 내 몸무게가 궁금하니?

زَادَ وَزْنِي قَلِيلًا.
[자-다 와즈니 깔릴-란]

몸무게가 조금 늘었어요.

| 그것은 증가한다 | زَادَ | 조금 | قَلِيلًا |

마 _ 무엇? _ 문장

مَا [마] 무엇?

마!!! 뭐???

مَا تَخَصُّصُكَ فِي الْجَامِعَةِ؟
[마 타캇쑤쑤카 필 좌-미아]

당신(남성)의 대학교 전공은 뭐에요?

나의 전공	تَخَصُّصُكَ	에, 에서	فِي	대학교	الْجَامِعَةِ

بَابٌ [밥-] 문

밥! 문 좀 열어줘요.

اِفْتَحِي الْبَابَ، يَا أُمِّي!
[이프타히 밥-, 야 움미]

엄마, 문 열어주세요!

열어주세요(명령형, 여성) ○ 140p	اِفْتَحِي	~야(호격사)	يَا	나의 엄마	أُمِّي

حَضَارَةٌ [하돠-라] 문명

'문명' 이라는 게임이 있다고 하더라.

أُرِيدُ أَنْ أَدْرُسَ الْحَضَارَةَ الْإِسْلَامِيَّةَ فِي الْجَامِعَةِ.
[우리-두 안 아드루쓰 알하돠-라 알이슬라미야 필 좌-미아]

나는 대학에서 이슬람 문명을 공부하고 싶어요.

나는 ~을 하고 싶다 ○ 191p	أُرِيدُ أَنْ	나는 공부한다 ○ 128p	أَدْرُسَ
이슬람의	الْإِسْلَامِيَّةَ	대학교	الْجَامِعَةِ

جُمْلَةٌ [주믈라] 문장

말도 안되는 문장 만들어내지 말고 어깨나 주물라고.

أُكْتُبْ جُمْلَةً وَاحِدَةً حَوْلَ "الرَّبِيعُ".
[우크툽 주믈라 와-히다 하울라 '앗라비-우']

'봄'에 관한 한 문장을 써보세요.

쓰세요(명령형, 남성) ○ 142p	أُكْتُبْ	하나	وَاحِدَةً
관하여	حَوْلَ	봄	الرَّبِيعُ

문학 _ 밀가루

أَدَبٌ
[아답]
문학

아~ 답답할 땐 문학작품을 읽어요.

يَحْصُلُ الْأَدَبُ الْكُورِيُّ عَلَى مَحَبَّةٍ فِي الْبُلْدَانِ الْأَجْنَبِيَّةِ.
[야흐쑬 알**아답** 알쿠리 알라 마합바 필 불단- 알아주나비야]

한국 문학이 외국에서 사랑받고 있어요.

그것(남성)은 얻는다	يَحْصُلُ (عَلَى)	사랑	مَحَبَّةٍ
나라들	الْبُلْدَانِ	외국의	الْأَجْنَبِيَّةِ

●o 124p

جُنُونٌ
[주눈-]
미침

주눈것도 없이 저 사람이 미워서 미칠 것 같아.

أَثَارَ الْفَيْرُوسُ حَالَةَ الْجُنُونِ فِي الْعَالَمِ.
[아싸-라 알파이루-쓰 할-라타 알**주눈**- 필 알-람]

그 바이러스는 전 세계에 광란의 상황을 일으켰다.

그것은 불러일으켰다	أَثَارَ	바이러스	الْفَيْرُوسُ
상태, 상황	حَالَةَ	세계, 세상	الْعَالَمِ

دَقِيقٌ
[다끼-끄]
밀가루

밀가루 바닥에 손음 닦기가 넘 힘들어요.

زَادَ وَزْنِي بَعْدَ أَكْلِ الدَّقِيقِ.
[자-다 와즈니 바으다 아클 앗**다끼**-끄]

밀가루를 먹고 나서 체중이 늘었어요.

그것(남성)는 증가했다	زَادَ	나의 무게	وَزْنِي
후에	بَعْدَ	먹음	أَكْلِ

아랍 문화 이야기 (4)

'앗쌀라무 알라이쿰' (평화가 당신에게)

"اَلسَّلَامُ عَلَيْكُمْ" '앗쌀라무 알라이쿰'은 '평화가 당신에게'라는 의미로서 만났을 때 상대방에게 하는 인사말이다. 우리나라말로는 '안녕하세요'에 해당한다. 대답으로는 두 단어의 순서를 바꾸어 "وَعَلَيْكُمُ السَّلَامُ" '와알라이쿠뭇 쌀람'이라고 하며 '그리고 당신에게도 평화가'의 의미이다. 국내에서는 방송인 정준하가 모 TV 예능 프로그램에서 부른 노래에서 첫 소절로 등장한 덕분에 일반 대중들에게도 알려져 있다. '앗쌀라무 알라이쿰'은 "اَلسَّلَامُ عَلَيْكُمْ وَرَحْمَةُ الله وَبَرَكَاتُهُ" '앗쌀라무 알라이쿰 와 라흐마툴 라히 와 바라카-투후'를 줄인 말로서 '평화가 당신에게 그리고 알라의 자비와 축복이 함께하기를' 이라는 의미이다. 국제행사나 회의에서 무슬림 연사가 연설을 시작할 때 '앗쌀라무 알라이쿰 와 라흐마툴 라히 와 바라카-투후'(평화가 당신에게 그리고 알라의 자비와 축복이 함께하기를) 라고 하며 시작하고, 연설을 마치면서, 다시 한번 반복하며 끝내기도 한다.

'쿨루 암 와 안툼 비카이르' (매해 복 많이 받으세요)

"كُلُّ عَامٍ وَأَنْتُمْ بِخَيْرٍ" '쿨루 암 와 안툼 비카이르'는 명절에 나누는 인사이다. 새해를 비롯하여 단식월인 라마단달, 라마단이 끝나고 시작하는 명절인 '이들 피뜨르', 희생제인 '이들 아드하'에 무슬림들이 서로 나누는 인사이기도 하다. '생일 축하합니다'의 의미로서 축하인사로도 사용되며, 그 외에도 국경일을 맞이했을 때 축하인사를 나눌 때도 사용된다.

동일한 의미로서 "كُلُّ سَنَةٍ وَأَنْتُمْ بِخَيْرٍ" '쿨루 싸나 와 안툼 비카이르'라고도 한다.

'라마단 카림' (라마단 축하인사)

"رَمَضَانُ كَرِيمٌ" '라마단 카림' 매년 이슬람력으로 9번 째 달인 '라마단달'이 되면, 무슬림들은 긴 한달 동안의 '단식'을 한다. 라마단달이 시작될 때, 혹은 라마단 달 동안 이 표현을 자주 듣게 되며 라마단 달을 맞는 무슬림들에게 건네기도 한다. 초승달이 보이는 것을 계기로 '라마단 달' 이 시작되면 무슬림은 해가 뜰 때부터 해가 질 때까지 아무것도 먹거나 마시지 않는다. 물 한 모금 마실 수 없으며 담배도 필 수 없다. 또한, 좋은 생각과 좋은 말을 나누어야 하며 부부간에 잠자리도 금지된다. 비슷한 표현으로는 "رَمَضَانُ مُبَارَكٌ" '라마단 무바-라크'가 있으며 '라마단은 축복받았다'의 의미다.

'마브룩' (축하합니다)

"مَبْرُوكٌ" '마브룩'은 축하인사이다. 생일을 포함하여, 시험에 합격하는 등 상대에게 축하 인사를 전할 때 사용된다. '정말로 축하해' 라고 말하고 싶다면, 숫자 '천'을 사용해서 "أَلْفُ مَبْرُوكٍ" '알프 마브룩- 천 번 축하해'라고 한다. 이 표현은 기본동사의 수동분사형태이며 동사는 기본형이 아닌 3형 "بَارَكَ" '바-라카' 동사는 '알라가 축복하다'의 의미로서 상대방은 알라의 축복을 혹은 축하를 받았으므로 수동분사형태로 사용한다. 따라서 원래는 3형동사의 수동분사인 "مُبَارَكٌ" '무바-라크' 가 맞는 표현이지만, '마브룩'이 더욱 많이 사용된다.

바 바늘 _ 박물관

إِبْرَة
[이브라]
바늘

주사 다 맞았으면 옷 입으라고 하세요.

أَخَافُ مِنْ إِبْرَةِ الْحُقْنَةِ.
[아카-프 민 이브라 알후끄나]

난 주사 바늘이 무서워요.

| 나는 ~을 두려워한다 | أَخَافُ (مِنْ) | 주사 | الْحُقْنَةِ |

بَحْر
[바흐르]
바다

바야흐로 바다의 계절이 왔어요.

أُرِيدُ السِّبَاحَةَ فِي الْبَحْرِ.
[우리-두 앗씨바-하 필 바흐르]

나는 바다에서 수영하고 싶어요.

| 나는 원한다 | أُرِيدُ | 수영 | السِّبَاحَةَ | ~에 | فِي |

●○191p

مَتْحَف
[마트하프]
박물관

마트의 하프(half)는 박물관 같아요.

يَقَعُ الْمَتْحَفُ الْمِصْرِيُّ فِي قَلْبِ الْعَاصِمَةِ الْمِصْرِيَّةِ.
[야까우 알마트하프 알미쓰리- 피 깔브 알아-씨마 알미쓰리야]

이집트 박물관은 이집트 수도 심장에 위치해 있어요.

| 그것(남성)은 위치한다 | يَقَعُ | 이집트의 | الْمِصْرِيُّ |
| ~에 | فِي | 심장 | قَلْبِ | 수도 | الْعَاصِمَةِ |

발 _ 배

قَدَمٌ [까담] 발	오다가 발이 걸려 '까당' 했어요.				
	يُمَارِسُ الْأَطْفَالُ كُرَةَ الْقَدَمِ. [유마-리쓰 알아뜨팔- 쿠라 알**까담**]				
	아이들이 축구를 하고 있어요.				
	그는 운동한다 ○160p	يُمَارِسُ	아이들	الْأَطْفَالُ	공	كُرَةَ

غُرْفَةٌ [구르파] 방	방에서 하루종일 뒹굴고파.			
	تُوجَدُ غُرْفَةُ النَّوْمِ فِي الطَّابِقِ الثَّانِي. [투우좌드 **구르파** 앗나움 핏 똬-비끄 앗싸-니]			
	침실은 2층에 있어요.			
	그것(여성)은 있다 ○180p	تُوجَدُ	잠	النَّوْمِ
	층	الطَّابِقِ	제2의	الثَّانِي

طَرِيقَةٌ [똬리-까] 방법	말 안 들으면 방법이 없어, 확 때릴까?			
	مَا هِيَ أَفْضَلُ طَرِيقَةٍ لِحَلِّ الْمُشْكِلَةِ؟ [마 히야 아프돨루 **똬리-까** 리 할리 알무슈킬라]			
	그 문제를 해결하기 위한 가장 좋은 방법은 무엇인가요?			
	무엇	مَا	그것은(여성)	هِيَ
	더 좋은, 가장 좋은	أَفْضَلُ	해결하기위한	لِحَلِّ	문제	الْمُشْكِلَةِ

بَطْنٌ [바뜬] 배	배를 빻드니 많이 먹었더라.			
	حَصَلْتُ عَلَى عَضَلَاتِ الْبَطْنِ بَعْدَ الرِّيَاضَةِ. [하쌀투 알라 아돨라-트 알**바뜬** 바으다 앗리야-돠]			
	운동후에 복근을 얻었어요.			
	나는 얻었다 ○124p	حَصَلْتُ (عَلَى)	근육들	عَضَلَاتِ
	후에	بَعْدَ	운동	الرِّيَاضَةِ

뻔뻔하고 펀(fun)하게 배우는 아랍어 단어357

 버스 _ 별

حَافِلَةٌ
[하-필라]
버스

하-필 버스가 늦게 와서 늦었어요.

مَتَى تَصِلُ حَافِلَةُ الْمَدْرَسَةِ؟
[마타 타씰루 하-필라 알마드라싸]

스쿨버스는 언제 도착해요?

언제(의문사)	مَتَى	그것(여성)은 도착한다	تَصِلُ	학교	الْمَدْرَسَةِ
		○○181p			

مَرَّةٌ
[마라]
번, 횟수

한 번 하고 말거면 차라리 하지마라.

كَمْ مَرَّةً فِي الْأُسْبُوعِ تُمَارِسِينَ الرِّيَاضَةَ؟
[캄 마라 필 우쓰부-이 투마-리씬 앗리아-돠]

일주일에 몇번 운동을 하세요?

얼마(의문사)	كَمْ	일주일	الْأُسْبُوعِ
당신(여성)은 운동한다	تُمَارِسِينَ	운동	الرِّيَاضَةَ
	○○160p		

قَانُونٌ
[까눈-]
법

내 핸드폰에 그 어플 까는 방법 알려주세요.

أَسْتَطِيعُ الْعَيْشَ بِدُونِ قَانُونٍ.
[아쓰타띠우 알아이슈 비둔- 까눈-]

나는 법 없이도 살 수 있어요.

나는 할 수 있다	أَسْتَطِيعُ	삶, 생활	الْعَيْشَ	~없이	بِدُونِ
	○○193p				

جَرَسٌ
[좌라쓰]
벨, 종

벌써 다 자라서 초인종을 누를 수가 있네.

وَضَعْتُ الْجَرَسَ الْكَبِيرَ عَلَى الْبَابِ.
[와돠으투 알좌라쓰 알카비-르 알랄 밥-]

나는 문에 큰 종을 놓았어요.

나는 놓았다, 두었다	وَضَعْتُ	큰	الْكَبِيرَ	문에	عَلَى الْبَابِ
	○○182p				

نَجْمٌ
[나줌]
별

오빠, 저 별 따다가 나줌?

أَنْتِ جَمِيلَةٌ مِثْلَ نَجْمٍ.
[안티 좌밀-라 미쓸라 나줌]

넌(여성) 별처럼 아름다워.

너, 당신(여성)	أَنْتِ	아름다운	جَمِيلَةٌ	~처럼	مِثْلَ

56

병원 _ 부숴진

مُسْتَشْفَى
[무쓰타슈파]
병원

무스탕을 입은 슈퍼스타가 병원에 왔대요.

بُنِيَ هَذَا الْمُسْتَشْفَى قَبْلَ 100 عَامٍ.
[부니야 하다 알**무쓰타슈파** 까블라 미아트 암]

이 병원은 100년 전에 지어졌어요.

| هَذَا | 이 | بُنِيَ | 그것(남성)은 건설되었다 |
| عَامٍ | 해, 년 | قَبْلَ | 전에 |

نَظَرَ
[나돠라]
보다

그 사람이 쳐다보던 사람이 나더라.

نَظَرَ إِلَى النَّافِذَةِ.
[**나돠라** 일라 앗나-피다]

그는 창문을 봤다.

| النَّافِذَةِ | 창문 | نَظَرَ (إِلَى) | 그는 봤다 |
| | | | ○ 147p |

مُرَطِّبٌ
[무라띱]
보습제,
로션

피부에 물 없다, 보습이 필요해요.

أَسْتَخْدِمُ الْمُرَطِّبَ فِي الشِّتَاءِ.
[아쓰타크딤 알**무라띱** 핏 쉬타-]

난 겨울에 보습제를 사용해요.

| الشِّتَاءِ | 겨울 | أَسْتَخْدِمُ | 나는 사용한다 |
| | | ○ 172p | |

ضَمَانٌ
[돠만]
보증(보장)

대출은 가능합니다. 다만 보증이 필요해요.

لَا نَسْتَطِيعُ ضَمَانَ النَّتِيجَةِ.
[라 나쓰타띠-우 **돠만**- 앗나티-좌]

우리는 그 결과를 보장할 수 없어요.

| النَّتِيجَةِ | 결과 | لَا نَسْتَطِيعُ | 우리는 할 수 없다 |
| | | | ○ 193p |

مَكْسُورٌ
[막쑤-르]
부숴진

그렇게 막쓰면 부숴진다.

كَانَ هَذَا الْكُرْسِيُّ مَكْسُورًا.
[카-나 하달 쿠르씨 **막쑤-**란]

이 의자는 부숴졌었어요.

| الْكُرْسِيُّ | 의자 | هَذَا | 이, 것 | كَانَ | 그것은 ~였다 |
| | | | | | ○ 187p |

Tip كَانَ 동사는 '그는(그것은) ~였다'의 의미로서, 주어는 주격(ُ), 술어는 비한정목적격(ً)이 옵니다.

바 부유한, 부자 _ 비싼

غَنِيّ [가니] 부유한, 부자

저 돈 많은 남자는 좋은 차 타고 어디 가나?

تَبَرَّعَ الْغَنِيُّ بِمَبْلَغٍ كَبِيرٍ إِلَى الْجَامِعَةِ.
[타바라아 알가니 비마블라그 카비-르 일알랄 좌-미아]

그 부자는 대학교에 큰 금액을 기부했어요.

| 그는 ~을 기부했다 ●○165p | تَبَرَّعَ (بِ) | 금액 | مَبْلَغٍ |
| 큰 | كَبِيرٍ | ~로 | إِلَى | 대학교 | الْجَامِعَةِ |

مُسْتَحِيلٌ [무쓰타힐-] 불가능한

그 무스타일으론 머리 만들기가 불가능해요.

لَا يُوجَدُ أَمْرٌ مُسْتَحِيلٌ، فَحَاوِلْ.
[라 유우좌드 아므르 무쓰타힐-, 파 하-윌]

불가능한 일은 없어요, 그러니 노력해보세요.

| 그것(남성)은 존재한다 ●○180p | يُوجَدُ | 일 | أَمْرٌ |
| 그래서, 그러니까 | فَ | 노력하세요(명령형, 남성) | حَاوِلْ |

مَطَرٌ [마따르] 비

우산이 없어서 비를 맞다.

سَقَطَ الْمَطَرُ أَمْسِ وَيَسْقُطُ الثَّلْجُ الْيَوْمَ.
[싸까따 알마따르 암쓰 와 야쓰꾸뚜 앗쌀주 알야옴]

어제는 비가 내렸는데 오늘은 눈이 내리네요.

| 그것은 내렸다 | سَقَطَ | 어제 | أَمْسِ |
| 그것은 내린다 | يَسْقُطُ | 눈 | الثَّلْجُ | 오늘 | الْيَوْمَ |

غَالٍ [갈-린] 비싼

갈린 과일주스는 비싸요.

سِعْرُ الْبَنْزِينِ فِي هَذِهِ الْمَحَطَّةِ غَالٍ.
[씨으르 알벤진 피 하디힐 마핫따 갈-린]

이 주유소의 휘발유가격은 비싸요.

| 가격 | سِعْرُ | 벤진 | الْبَنْزِينِ |
| 이(여성) | هَذِهِ | 스테이션 | الْمَحَطَّةِ |

빛 _ 뼈

دَيْنٌ
[다인]
빛

다인이가 진 빛이 모두 얼마에요?

كَانَ يُعَانِي مِنْ الدَّيْنِ.
[카-나 유아-니 민낫 **다인**]

그는 빛 때문에 고생했대요.

| 그는 ~였다 ●○187p | كَانَ | 그는 ~으로 고생한다 | يُعَانِي (مِنْ) |

نُورٌ
[누-르]
빛

저 누르스름한 빛은 뭐지?

أَسْتَمْتِعُ بِرُؤْيَةِ نُورِ الْقَمَرِ فِي اللَّيْلِ.
[아쓰탐티우 비루우야티 **누-르** 알까마르 필 라일]

난 밤에 달빛 보는 것을 즐겨요.

| 나는 ~를 즐긴다 | أَسْتَمْتِعُ (بِ) | 목격, 봄 | رُؤْيَةِ |
| 달 | الْقَمَرِ | 밤, 야간 | اللَّيْلِ |

مُنِيرٌ
[무니-르]
빛나는

반짝 반짝 빛나는 무늬로 해주세요.

أَمَامَنَا مُسْتَقْبَلٌ مُنِيرٌ.
[아마-마나 무쓰따끄발 **무니-르**]

우리 앞에는 빛나는 미래가 있어요.

| 우리 앞에는 | أَمَامَنَا | 미래 | مُسْتَقْبَلٌ |

عِظَامٌ
[이돰-]
뼈

조심하지 않음 이담엔 뼈도 못추리게 될 수도 있어.

اِشْرَبْ الْحَلِيبَ مِنْ أَجْلِ صِحَّةِ الْعِظَامِ.
[이슈랍 알할립- 민 아줄리 씻하 알이**돰**-]

뼈 건강을 위해 우유를 마셔봐요.

| 마셔요(명령형, 남성) ●○134p | اِشْرَبْ | 우유 | الْحَلِيبَ |
| ~을 위하여 | مِنْ أَجْلِ | 건강 | صِحَّةِ |

아랍 여성 영화감독과 영화 이야기 (1)

하이파 알만수르 Haifaa Al Mansour

사우디 첫 여성 영화 감독이자 시나리오 작가이다. 걸프국가 중에서도 가장 보수적이고 여성에게 엄격한 사우디에서 태어났지만, 가족의 지지를 받으며 카이로와 시드니에서 영어비교문학과 영화를 전공하며 영화인의 꿈을 키웠다. 최근까지만 해도 사우디 내 영화관이 없어서 영화를 좋아하는 사우디인들은 인근 바레인 등에 있는 극장을 찾았다고 한다. 걸프지역 여성들의 삶을 조명한 다큐멘터리 '그림자 없는 여인'으로 얼굴을 알린 후, 여성에게 금지된 자전거를 갖고 싶어하는 소녀의 시각에서 조명한 첫 번째 장편영화 <와즈다>를 제작하여 국내를 비롯하여 전 세계적으로 유명해졌다. 그 후 2017년 미국에서 영어로 <매리 셸리 : 프랑켄슈타인의 탄생>을 제작했으며, 2018년 <어느 날 인생이 엉켜버렸다>를 제작하는 등 활발한 활동을 이어가고 있다. 최근 사우디에 불고 있는 변화와 개방에 하이파 감독의 기여가 컸다는 평가도 있다.

<와즈다> Wadjda, 2012

사우디 최초로 여성 감독이 만든 작품이자 현실성을 살리기 위해 사우디 내에서 특히 가장 보수적인 수도 리야드에서 촬영했다는 점에서 상영 초기부터 전 세계 영화제와 영화인들의 관심과 흥미를 불러일으킨 영화이다. 촬영작업은 여성이 대중에 얼굴을 드러낼 수 없어, 차안이나 보이지 않는 곳에서 무전기를 통해 촬영을 모니터하고 지시했다고 한다. 사우디에서는 금지된 자전거를 갖고 싶어하는 열 살 소녀를 통해 사우디 사회와 학교

와 가정에서의 여성의 다양한 모습을 보여주었다. 베니스국제영화제를 통해 첫 선을 보인 후 두바이 국제영화제에서 상영당시 2천 5백명 이상이 관람했으며 이 후 런던국제영화제 등 20개 영화제에서 초청받아 수상하는 등 큰 호평을 받았다. 한국에서는 2013년 전주국제영화제 폐막작으로 선정되어 한국관객에게도 소개되었다. 이 영화 후 2013년 사우디에서는 여성에게 자전거가 허용되었다고 한다.

<완벽한 후보자> The Perfect Candidate, 2019

작은 마을 의료센터에서 여의사로 일하는 주인공이 몇 년째 보수작업이 이루어지지 않는 응급의료센터 앞 도로 보수공사를 위해 어쩔 수 없이 지방선거에 출마하게 되면서 사우디여성이 겪게 되는 사회 내 다양한 제약과 현실을 다룬 영화이다. 남성 보호자의 허가 없이 여성 혼자서는 해외에도 갈 수 없고, 남자들 앞에서 얼굴을 드러내고 연설도 못하거나, 선거포스터 사진도 눈만 드러내는 니깝을 입고 찍어야 하는 등, 보수적이고 엄격한 사우디 사회를 보여주고 있지만, 주인공은 그럼에도 불구하고 끝까지 출마를 포기하지 않고 당당하게 니깝을 벗고 TV 출연을 하거나, 처음엔 여의사라는 이유로 치료를 거부하다 끝내 주인공의 선거운동을 지지해주는 노인 환자의 모습 등 영화는 사우디사회가 느리지만 조금씩 긍정적으로 변화하고 있고 사람들 역시 그러한 변화의 물결을 실감하고 있음을 보여주고 있다. 최근의 코로나 상황으로 인해 감독의 전 작품인 <와즈다>만큼의 호평과 관심은 못 받았지만, 베니스 영화제에서 금사자 경쟁 부문 후보에 오르는 성과를 이루었다.

نَاسٌ [나-쓰] 사람들	그들은 **나이쓰**한 사람들이에요. يَقُولُ النَّاسُ إِنَّ الْوَقْتَ مِنْ ذَهَبٍ. [야꾸울 안**나-쓰** 인나 알와끄트 민 다합] 사람들이 말하길 시간은 금이래요.				
	그는 ~라고 말한다	يَقُولُ	إِنَّ	시간	الْوَقْتَ	금으로 된	مِنْ ذَهَبٍ

صَحْرَاءُ [싸흐라-] 사막	모로코에 있는 **사하라**사막 가보고 싶어요. كَانَتِ الرِّحْلَةُ إِلَى الصَّحْرَاءِ رَائِعَةً. [카-나트 앗리흘라 일라 앗**싸흐라**- 라-이야] 사막 투어는 훌륭했어요.			
	그것(여성)은 ~였다	كَانَتِ	여행	الرِّحْلَةُ
	~로	إِلَى	훌륭한	رَائِعَةً

مَسْجِدٌ [마쓰쥐드] 사원	사원에서 **마싸지두** 할 수 있어요? 절대 안되요. يَذْهَبُ الْمُسْلِمُونَ إِلَى الْمَسْجِدِ فِي يَوْمِ الْجُمْعَةِ. [야드합 알무슬리문- 일라 알**마쓰쥐드** 피 야움 알주므아] 무슬림들은 금요일에 이슬람 사원에 가요.			
	그는 간다	يَذْهَبُ	무슬림들	الْمُسْلِمُونَ
	요일	يَوْم	금	الْجُمْعَةِ

사자 _ 상

أَسَدٌ [아싸드] 사자	아싸도 하나면 사자처럼 무서워요.				
	يُعَدُّ الْأَسَدُ مَلِكَ الْحَيَوَانَاتِ. [유앗두 알아싸드 말리크 알하야와나-트]				
	사자는 동물들의 왕이래요.				
	그것(여성)은 여겨진다	يُعَدُّ	왕	مَلِكَ	동물들 الْحَيَوَانَاتِ

قَامُوسٌ [까무-쓰] 사전	까묵었으면 사전 찾아보세요.		
	اِبْحَثْ عَنْ هَذِهِ الْكَلِمَةِ فِي الْقَامُوسِ. [이브하쓰 안 하디힐 칼리마 필 까무-쓰]		
	이 단어를 사전에서 찾아보세요.		
	(~을) 찾아라(명령형, 남성에게) اِبْحَثْ (عَنْ) ○122p	이, 이것(여성) هَذِهِ	단어 الْكَلِمَةِ

جَبَلٌ [좌발] 산	이 산을 자발적으로 올라갈 사람?		
	أَلَا تُرِيدُ تَسَلُّقَ جَبَلِ "هَالَا" مَعًا؟ [알라 투리-두 타쌀루끄 좌발 할-라 마안]		
	같이 한라산 등반하지 않을래요?		
	~입니까(의문사) أَ	당신(남성)은 원하지 않습니까? أَلَا تُرِيدُ ○191p	
	등산 تَسَلُّقَ	함께 مَعًا	

عَمٌّ [암므] 삼촌	조카들에겐 삼촌이 최고지. 암~그렇지.		
	الْعَمُّ هُوَ أَخُو الْأَبِ. [알암므 후와 아쿠-울 아브]		
	삼촌은 아빠의 남자형제에요.		
	그는 هُوَ	남자형제 أَخُو	아빠 الْأَبِ

جَائِزَةٌ [좌-이자] 상	자 이제 상을 수여하겠습니다.		
	حَصَلَ نَجِيبٌ مَحْفُوظٌ عَلَى جَائِزَةِ نُوبِل لِلْأَدَبِ. [하쌀라 나찝 마흐푸-즈 알라 좌-이자 누벨 릴 아답]		
	나집마흐푸즈는 노벨 문학상을 수상했어요.		
	그는 얻었다, 수상했다 حَصَلَ (عَلَى) ○124p	노벨 문학 نُوبِل لِلْأَدَبِ	

상인 _ 새로운

تَاجِرٌ
[타-쥐르]
상인

상인이 장사하려 **타지**로 갔어요.

وَصَلَ التَّاجِرُ الْعَرَبِيُّ إِلَى كُورِيَا مِنْ خِلَالِ طَرِيقِ الْحَرِيرِ.
[와쌀라 앗**타-쥐르** 알아라비 일라 쿠리야 민 킬랄-리 따리-끼 알하리-리]

아랍상인은 비단길을 통해 한국에 도착했어요.

| 그는(그것은) (~에) 도착했다 | وَصَلَ (إِلَى) ○181p | 아랍의, 아랍인의 | الْعَرَبِيُّ | 한국 | كُورِيَا |
| ~을 통해 | مِنْ خِلَالِ | 길, 도로 | طَرِيقِ | 비단 | الْحَرِيرِ |

مَحَلٌّ
[마할]
상점, 가게

타지**마할**의 한 상점에서 기념품을 샀어요.

اِشْتَرَتْ عَائِشَةُ تَنُّورَةً فِي مَحَلِّ الْمَلَابِسِ.
[이슈타라트 아-이샤 탄누-라 피 **마할** 알말라-비쓰]

아이샤는 옷 가게에서 스커트를 샀어요.

| 그녀는 구매했다 | اِشْتَرَتْ ○194p | 스커트 | تَنُّورَةً |
| ~에서 | فِي | 옷들 | الْمَلَابِسِ |

حَالٌ
[할-]
상황

지금 그런 소리 **할** 상황이 아니에요

كَيْفَ الْحَالُ؟
[카이팔 **할**-]

어떻게 지내요?

| 어떻게(의문사) | كَيْفَ |

Tip كَيْفَ الْحَالُ؟ 은 안부를 묻는 인사로서, 대답은 '나는 잘 지내요'의 의미로 أَنَا بِخَيْرٍ 이라고 말하면 되구요, 덧붙여 '알라의 덕분입니다'의 의미를 담은 الْحَمْدُ لله 라고 하면 더 좋습니다.

جَدِيدٌ
[좌디-드]
새로운

자디드(자기두) 새로운 데이트코스 좀 짜봐요.

هِيَ طَالِبَةٌ جَدِيدَةٌ مِنَ الْكُوَيْتِ.
[히야 딸-리바 **좌디-**다 민날 쿠와이트]

그녀는 쿠웨이트에서 온 신입생이에요.

| 그녀는 | هِيَ | 학생 | طَالِبَةٌ |
| ~로부터 | مِنْ | 쿠웨이트 | الْكُوَيْتِ |

새벽 _ 생선

فَجْرٌ [파주르] 새벽

새벽에 파주로 오세요.

أَسْتَيْقِظُ مِنَ النَّوْمِ فِي الْفَجْرِ لِلدِّرَاسَةِ.
[아쓰타으끼드 민낫 나움 필 **파주르** 릿디라-싸]

나는 공부하기 위해 새벽에 일어나요.

나는 깬다, 기상한다	أَسْتَيْقِظُ	~로부터	مِنَ
잠	النَّوْمِ	공부를 위해	لِلدِّرَاسَةِ

لَوْنٌ [라운] 색, 색깔

브라운은 갈색이에요.

يُنَاسِبُكِ اللَّوْنُ الْأَحْمَرُ.
[유나-씨부키 알라운 알아흐마르]

빨간색이 네게(여성) 어울려요.

그것(남성)은 당신(여성)에게 어울린다	يُنَاسِبُكِ	붉은	الْأَحْمَرُ

فَاتِحٌ [파-티흐] 색이 밝은

오늘 파-티에서 모두들 밝은 모습이네요.

هَذَا اللَّوْنُ يَمِيلُ إِلَى اللَّوْنِ الرَّمَادِيِّ الْفَاتِحِ.
[하달 라운 야밀- 일랄 라운 앗라마-디 알**파-티**히]

이 색상은 밝은 그레이색에 기울어요.

이, 이것	هَذَا	색상	اللَّوْنُ
그것(남성)은 ~에 기울어진다	يَمِيلُ (إِلَى)	잿빛의, 그레이의	الرَّمَادِيِّ

سَمَكٌ [싸마크] 생선

'붕어싸만코' 아이스크림 아직도 팔아요?

يَأْكُلُ الْكُورِيُّونَ السَّمَكَ كَثِيرًا.
[야으쿨 알쿠리윤 앗**싸마**크 카씨-란]

한국인들은 생선을 많이 먹어요.

그는 먹는다	يَأْكُلُ	한국사람들	الْكُورِيُّونَ	많이	كَثِيرًا

서랍 _ 설탕

دَرَج [다라쥐] 서랍

서랍에 문고리 좀 **달아주**.

تُوجَدُ الْحَلْوَيَاتُ دَاخِلَ دَرَج مَكْتَبِي.
[투우자두 알할와야-트 다-킬라 **다라쥐** 마크타비]

내 책상 서랍안에는 군것질거리들이 있어요.

| 그것(여성)은 존재한다 ○ 180p | تُوجَدُ | 단 것들, 과자들 | الْحَلْوَيَاتُ |
| 안에 | دَاخِلَ | 내 책상 | مَكْتَبِي |

خِدْمَة [키드마] 서비스

배우 니콜**키드만**의 팬 서비스는 훌륭하다고 해요.

اَلْخِدْمَةُ فِي الْمَطْعَمِ مُمْتَازَةٌ.
[알키드마 필 마뜨암 뭄타-자]

그 식당의 서비스가 훌륭해요.

| 식당 | الْمَطْعَمِ | 훌륭한 | مُمْتَازَةٌ |

مُدَرِّس [무다리쓰] 선생님

우리 선생님은 **무다리** 선생님이에요.

مُحَاضَرَةُ الْمُدَرِّسِ مُفِيدَةٌ وَمُمْتِعَةٌ.
[무하-돠라 알**무다리쓰** 무피-다 와 뭄티아]

그 선생님의 강의는 유익하고 재밌어요.

| 강의 | مُحَاضَرَةُ | 유익한 | مُفِيدَةٌ |
| 그리고 | وَ | 재미있는 | مُمْتِعَةٌ |

سُكَّر [쑤카르] 설탕

설탕은 몇 **숟갈** 넣을까요?

يَضَعُ الْعَرَبُ السُّكَّرَ الْكَثِيرَ عَلَى الشَّايِ.
[야돠울 아랍 앗**쑤카르** 알카씨-르 알랏 샤-이]

아랍사람들은 차에 설탕을 많이 넣어요.

| 그는 넣는다 ○ 182p | يَضَعُ | 아랍인들 | الْعَرَبُ |
| 많은 | الْكَثِيرَ | ~위에(전치사) | عَلَى | 차, tea | الشَّايِ |

섬 _ 세련된 **사**

جَزِيرَة
[좌지-라]
섬

이 섬에서는 아무리 자지러지게 울어도 소용없어요.

يُحِبُّ السُّيَّاحُ الْأَجَانِبُ جَزِيرَةَ جيجو.
[유힙부 앗쑤야-흐 알아좌-닙 좌지-라 제주]

외국관광객들은 제주도를 좋아해요.

| 그는 좋아한다 | يُحِبُّ ○177p | 관광객들 | السُّيَّاحُ | 외국인들 | الْأَجَانِبُ |

Tip 아랍어동사문에서 동사가 문장의 맨 앞에 올때에는 주어가 복수일지라도 단수동사를 사용하며 주어의 성에만 일치시키면 됩니다.

حَجّ
[핫쥐]
순례

무슬림 무함마드는 성지 순례 했쥐?

هَلْ سَتُلْغِي السُّعُودِيَّةُ مَوْسِمَ الْحَجِّ خِلَالَ عَامِ 2020؟
[할 싸툴기 앗쑤우-디야 마우씸 알핫쥐 킬랄-라 암- 알파인 와 이슈린]

사우디가 2020년도에 핫지시즌을 취소할까요?

| ~입니까(의문사) | هَلْ | 그것(여성)은 취소할것이다 | سَتُلْغِي | 사우디 | السُّعُودِيَّةُ |
| 시즌 | مَوْسِمَ | 동안 | خِلَالَ | 해, 년 | عَامِ |

قَمِيصٌ
[까미-쓰]
셔츠

껌 있어요, 당신 셔츠에요.

أَيْنَ اِشْتَرَيْتَ الْقَمِيصَ الْأَزْرَقَ.
[아이나 이슈타라이타 알까미-쓰 알아즈라끄]

당신(남성)은 파란색 셔츠를 어디에서 구매했어요?

| 어디(의문사) | أَيْنَ | 당신(남성)은 샀다 | اِشْتَرَيْتَ ○194p | 파란색의 | الْأَزْرَقَ |

أَنِيقٌ
[아니-끄]
세련된

아니, 그 세련된 원피스 어디에서 샀어요?

هَذَا الْفُسْتَانُ أَنِيقٌ، أَيْنَ غُرْفَةُ الْقِيَاسِ؟
[하달 푸쓰탄- 아니-끄, 아이나 구르파툴 끼야-쓰]

이 원피스 세련되었네요. 피팅룸이 어디에요?

| 이, 이것 | هَذَا | 원피스 | الْفُسْتَانُ |
| 어디에(의문사) | أَيْنَ | 방 | غُرْفَةُ | 사이즈, 측정 | الْقِيَاسِ |

소 _ 손님

بَقَر [바까르] **소**	밭 가는 소 소는 우리에게 우유를 줘요. يُعْطِينَا الْبَقَرُ الْحَلِيبَ. [유으띠-나 알**바까르** 알할립-]	
	그는 우리에게 준다 يُعْطِينَا 우유 الْحَلِيبَ	

بِنْت [빈트] **소녀, 딸**	이 소녀가 빈틈없이 일을 너무 잘했어요. رَكِبَتْ الْبِنْتُ دَرَّاجَةً فِي الْحَدِيقَةِ. [라키바트 알**빈트** 다라-좌 필 하디-까] 그 소녀는 공원에서 자전거를 탔어요. 그녀는 탔다 رَكِبَتْ 자전거 دَرَّاجَة 공원 الْحَدِيقَة ○○131p

صَلْصَة [쌀쏴] **소스**	저 살사 소스 좀 주세요. يُحِبُّ الْكُورِيُّونَ الصَّلْصَةَ الْحَارَّةَ. [유힙부 알쿠-리윤 **쌀쏴** 하-라] 한국사람들은 매운 소스를 좋아해요. 그는 좋아한다 يُحِبّ 한국인들 الْكُورِيُّونَ 더운, 매운 حَارَّة ○○177p

يَد [야드] **손**	야들야들한 손이네. يَغْسِلُ سَالِمٌ الْيَدَ عِدَّةَ مَرَّاتٍ. [야그씰 쌀-림 알**야드** 잇다타 마라-트] 쌀림은 손을 여러 번 씻어요. 그는 씻는다 يَغْسِل 많은 عِدَّة 횟수(복수) مَرَّات

ضَيْف [돠이프] **손님**	우리 가게 오는 손님들은 다 이뻐. أُقَدِّمُ لَكُمْ ضَيْفَ الْيَوْمِ. [우깟디무 라쿰 **돠이프** 알야움] 여러분께 오늘의 손님을 소개합니다. 나는 소개한다 أُقَدِّم 당신들에게 لَكُمْ 오늘 الْيَوْم ○○153p

손수건, 수건 _ 수출품

مَنْدِيل
[만딜-]
손수건, 수건

손이 너무 더러워 만질 수 없을 땐 손수건을 쓰세요.

أَيْنَ الْمَنْدِيلُ الْوَرَقِيُّ؟
[아이나 알만딜 알와라끼]

티슈는 어디에 있어요?

| 어디에(의문사) | أَيْنَ | 종이의 | الْوَرَقِيُّ |

عَدَد
[아다드]
수, 숫자

백치 아다다는 숫자를 몰랐대요.

يَزْدَادُ عَدَدُ مُحِبِّي الثَّقَافَةِ الْكُورِيَّةِ فِي الْعَالَمِ.
[야즈다-드 아다두 무힙비 앗싸까-파 알쿠리야 필 알-람]

세계에서 한국 팬들의 수가 늘고 있어요.

| 그것(남성)은 증가한다 | يَزْدَادُ | 좋아하는 사람들 | مُحِبِّي |
| 문화 | الثَّقَافَة | 한국의 | الْكُورِيَّة | 세계 | الْعَالَم |

بَطِّيخ
[바띠-크]
수박

밭에 있는 수박 서리할래?

اَلْبَطِّيخُ الْمِصْرِيُّ كَبِيرٌ وَلَذِيذٌ.
[알바띠-크 알미쓰리 카비-르 와 라디-드]

이집트 수박은 크고 맛있어요.

| 이집트의 | الْمِصْرِيُّ | 큰 | كَبِيرٌ | 맛있는 | لَذِيذٌ |

صَادِرَات
[싸디라-트]
수출품

수출품이 싸-더라.

مَا هِيَ الصَّادِرَاتُ الْكُورِيَّةُ إِلَى دُوَلِ الْخَلِيجِ؟
[마 히야 앗싸-디라-트 알쿠리야 일라 두왈리 알칼리-쥐]

한국의 對 GCC 수출품은 무엇입니까?

| 무엇(의문사) | مَا | 그녀는 | هِيَ |
| 한국의 | الْكُورِيَّة | 국가들 | دُوَل | 걸프 | الْخَلِيج |

사 수표 _ 스크린, 화면

شِيك [쉬-크] 수표

남자는 시크하게 수표를 내밀었다.

هَلْ هَذَا شِيكٌ بِقِيمَةِ مِلْيُونِ دُولَارٍ؟
[할 하다 쉬-크 비끼-마 밀리윤 둘라-르]

이게 백만달러가격의 수표라고요?

| ~입니까(의문사) | هَلْ | 이, 이것 | هَذَا |
| 가치의, 가격의 | بِقِيمَةِ | 백만 | مِلْيُونِ | 달러 | دُولَارٍ |

غَابَةٌ [가-바] 숲

숲에 가봐.

شَاهَدْتُ الْأَشْجَارَ الْجَمِيلَةَ فِي الْغَابَةِ.
[샤-핫투 알아슈좌-르 알좌밀-라 필 가-바]

나는 숲에서 아름다운 나무들을 보았어요.

| 나는 봤다 | شَاهَدْتُ ○○157p | 나무들 | الْأَشْجَارَ | 아름다운 | الْجَمِيلَةَ |

سَهْل [싸흘] 쉬운

너무 쉬워서 아마 사흘이면 다 풀거에요.

كَانَ الْإِمْتِحَانُ سَهْلًا جِدًّا.
[카-나 알임티한- 싸흘란 짓단]

그 시험은 너무 쉬웠어요.

| 그는 ~였다 | كَانَ ○○187p | 시험 | الْإِمْتِحَانُ | 매우 | جِدًّا |

Tip كَانَ 동사는 주어는 주격(ُ) 이지만, 술어는 비한정 목적격(ً) 을 갖습니다.

شَاشَة [샤-샤] 스크린, 화면

티비 화면을 켜니 트와이스가 '샤샤샤~' 하며 노래를 하고 있어요.

أُرِيدُ مُشَاهَدَةَ الْمُبَارَاةِ بِالشَّاشَةِ الْكَبِيرَةِ.
[우리-두 무샤-하다 알무바라- 빗샤-샤 알카비-라]

나는 경기를 대형 화면으로 보고싶어요.

| 나는 원한다 | أُرِيدُ ○○191p | 시청 | مُشَاهَدَةَ |
| 경기 | الْمُبَارَاةِ | 큰 | الْكَبِيرَةِ |

슬픈 _ 시간 **사**

حَزِين
[하진]
슬픈

슬퍼 하진 마세요.

يَبْدُو أَنَّكَ حَزِينٌ. مَاذَا بِكَ؟
[야브두 안나카 하진. 마다- 비카]

슬퍼 보여요. 무슨 일이에요?

| 당신(남성)은 ~처럼 보인다 | يَبْدُو أَنَّكَ | 무엇(의문사) | مَاذَا |

Tip ما 와 ماذا는 의문사로서 둘 다 '무엇'을 의미합니다. 차이는 ما 다음에는 명사가 오고, ماذا 다음에는 부사구, 동사, 전치사구 등이 올 수 있습니다.

حُزْن
[후즌]
슬픔

허준 선생님은 죽어가는 환자들을 보며 슬픔을 느꼈다.

أَشْعُرُ بِالْحُزْنِ الشَّدِيدِ.
[아슈우루 빌 후즌 앗샤디-드]

나 너무 슬퍼요.

| 나는 ~을 느낀다 | أَشْعُرُ (بِ) | 강한, 깊은 | الشَّدِيدِ |
| ○ 135p | | | |

شِعْر
[쉬으르]
시

이 시인은 아름다운 시를 많이 썼어요.

كَتَبَ هَذَا الشَّاعِرُ شِعْرًا جَمِيلًا.
[카타바 하다 앗샤-이르 쉬으란 좌밀-란]

이 시인은 아름다운 시를 썼어요.

그는 썼다	كَتَبَ	이, 이것	هَذَا
○ 142p			
시인	الشَّاعِرُ	아름다운	جَمِيلًا

وَقْت
[와끄트]
시간

시간 정말 빠르다. 올해도 벌써 와~ 끄트머리에 있네.

حَانَ الْوَقْتُ لِتَنَاوُلِ الْغَدَاءِ.
[하-나 알와끄트 리타나-울 알가다-]

점심먹을 시간이 되었어요.

| (시간이)되다 | حَانَ | 위하여 | لِ |
| 식사 | تَنَاوُلِ | 점심 | الْغَدَاءِ |

시간(시대) _ 시장

زَمَنٌ
[자만]
시간(시대)

자만하던 시대는 갔습니다.

فِي الزَّمَنِ الْقَدِيمِ، كَانَتْ كُورِيَا دَوْلَةً فَقِيرَةً.
[핏 자마닐 까딤, 카-나트 쿠리야 다울라 파끼-라]

오래 전에, 한국은 가난한 국가였어요.

| 오래된, 낡은 | الْقَدِيمِ | 그것(여성)은 ~였다 ○187p | كَانَتْ |
| 국가, 나라 | دَوْلَةً | 가난한 | فَقِيرَةً |

سَاعَةٌ
[싸-아]
시계

몇 시야? 늦었어~ 얼른 집 싸아!

كَمِ السَّاعَةُ الْآنَ؟
[캄 앗싸-아 알안-]

지금 몇시에요?

| 얼마(의문사) | كَمْ | 지금 | الْآنَ |

بِدَايَةٌ
[비다-야]
시작

어두운 곳에 빛 와야 아침 시작되죠.

لَيْسَتِ الْبِدَايَةُ صَعْبَةً.
[라이싸트 알비다-야 쏘으바]

시작은 어렵지 않아요.

| 그것(여성)은 아니다 | لَيْسَتِ | 어려운 | صَعْبَةً |

سُوقٌ
[쑤-끄]
시장

우리 시장에 쓱 다녀올까요?

يُحِبُّ الْعَرَبُ السُّوقَ التَّقْلِيدِيَّةَ الْكُورِيَّةَ.
[유힙부 알아랍 앗쑤-끄 앗타끌리디야 알쿠리야]

아랍사람들은 한국의 전통시장을 좋아해요.

| 그는 좋아한다 ○177p | يُحِبُّ | 아랍사람들 | الْعَرَبُ |
| 전통적인 | التَّقْلِيدِيَّةَ | 한국의 | الْكُورِيَّةَ |

식당 _ 신문

مَطْعَمٌ [마뜨암] 식당

마트안에 있는 식당에서 밥먹어요.

ذَهَبْتُ إِلَى مَطْعَمٍ مَعَ الْأَصْدِقَاءِ.
[다합투 일라 **마뜨암** 마아 알아쓰디까-]

친구들과 한국식당에 갔어요.

| 나는 갔다 ○130p | ذَهَبْتُ | ~로 | إِلَى |
| ~와 함께 | مَعَ | 친구들 | الْأَصْدِقَاءِ |

خَلٌّ [칼] 식초

목이 칼칼해지면, 식초를 조금 타서 마셔봐요.

يُسْتَخْدَمُ الْخَلُّ لِتَنْظِيفِ الْمَنْزِلِ.
[유쓰타크담 알칼 리탄디-프 알만질]

식초는 집 청소에 쓰여요.

| 그것(남성)은 사용된다 ○172p | يُسْتَخْدَمُ | 청소에 | لِتَنْظِيفِ | 집 | الْمَنْزِلِ |

عَصَبٌ [아쌉] 신경

신경문제는 최대한 ASAP하게 치료해야해요.

يَحْتَاجُ إِلَى عِلَاجِ الْعَصَبِ لِأَسْنَانِهِ.
[야흐타-주 일라-주 알**아쌉** 리 아쓰나-니히]

그는 치아 신경치료가 필요해요.

| 그는 ~을 필요로한다 | يَحْتَاجُ (إِلَى) | 치료 | عِلَاجِ | 그의 치아에 | لِأَسْنَانِهِ |

جَرِيدَةٌ [좌리-다] 신문

노숙자들에게는 신문이 보금자리다.

لَا يَقْرَأُ النَّاسُ الْجَرِيدَةَ الْوَرَقِيَّةَ هَذِهِ الْأَيَّامَ.
[라 야끄라우 앗나-쓰 알**좌리-다** 알와라끼야 하디힐 아얌]

요즘 사람들은 종이 신문을 읽지 않아요.

| 그는 읽지 않는다 ○176p | لَا يَقْرَأُ | 사람들 | النَّاسُ |
| 종이의 | الْوَرَقِيَّةَ | 요즘 | هَذِهِ الْأَيَّامَ |

신발 _ 쓴

حِذَاءٌ
[히다-]
신발

운동화가 **희다**.

يُعْجِبُنِي هَذَا الْحِذَاءُ الْأَبْيَضُ.
[유으쥐부니 하달 **히다**- 알아브야드]

이 흰 운동화가 마음에 들어요.

| 그것이 나의 마음에 들게하다 | يُعْجِبُنِي | 이, 이것 | هَذَا | 하얀, 흰 | الْأَبْيَضُ |

●○163p

Tip أَعْجَبَ 와 동사는 4형동사로서 '···이 ~의 마음에 들게 하다' 즉 '···이 ~의 마음에 들다'의 의미입니다.

طَازَجٌ
[따-자주]
신선한

신선한 야채는 **따지지** 말고 사세요.

تَبِيعُ السُّوقُ الْفَوَاكِهَ الطَّازَجَةَ.
[타비-우 앗쑤-끄 알파와-키하 앗**따-자좌**]

시장은 신선한 과일을 팔아요.

| 그것(여성)은 판매한다 | تَبِيعُ | 시장 | السُّوقُ | 과일들 | الْفَوَاكِهَ |

●○183p

إِجْرَاءٌ
[이주라-]
실시(조치)

지금까지 실시했던 조치는 **잊으라**.

اِتَّخَذَتِ الْحُكُومَةُ الْإِجْرَاءَ الْفَوْرِيَّ.
[잇타카다트 알후쿠-마 알**이즈라**-아 알파우리]

정부는 즉각적인 조치를 취했다.

| 그것은 취했다 | اِتَّخَذَتِ | 정부 | الْحُكُومَةُ | 즉각적인 | الْفَوْرِيَّ |

●○178p

أُرْزٌ
[우르즈]
쌀

쌀 떨어졌다고 **울지마**.

يُعَدُّ الْأُرْزُ وَجْبَةً رَئِيسِيَّةً فِي آسِيَا.
[유앗두 알**우르즈** 와즈바 라이-씨야 피 아-씨야]

아시아에서 쌀은 주식이에요.

| 그는(그것은) 여겨진다 | يُعَدُّ | 식사 | وَجْبَةٌ |
| 주된 | رَئِيسِيَّةٌ | 아시아 | آسِيَا |

مُرٌّ
[무르]
쓴

무릇 몸에 좋은 것이 입에는 쓴 법이지.

اَلصَّبْرُ دَوَاءٌ مُرٌّ.
[앗쌰브르 다와- **무르**]

인내는 쓴 약이다.

| 인내 | اَلصَّبْرُ | 약 | دَوَاءٌ |

아랍 여성 영화감독과 영화들 이야기 (2)

나딘 라바키 Nadine Labaki

　1974년 레바논 태생으로 감독이자 배우다. 단편영화제작에서 시작하여 광고와 유명 가수들의 뮤직비디오를 제작하며 경험을 쌓은 후, 2006년 베이루트의 한 미용실에서 함께 일하는 5명의 여성들의 삶, 사랑, 관습, 결혼을 둘러싼 현실과 고민, 해결 과정을 너무 무겁지 않게 보여준 첫 장편 영화 <캬라멜>을 제작하고 직접 주인공으로 출연하기도 했다. 그 후 여러 영화를 제작해오다 2018년 영화 <가버나움>으로 국내를 비롯하여 전 세계적으로 큰 관심을 불러모았다. 아랍어 외에도 불어, 영어, 이탈리아어 등 다양한 언어를 구사한다.

<캬라멜> Caramel, 2006

　그동안 레바논을 배경으로 한 영화들이 대부분 종교나 종파를 둘러싼 정치적인 갈등을 배경으로 했던 것과 달리 베이루트의 미용실을 배경으로 주인공을 비롯한 평범한 다섯 명의 젊은 여성들과 주변 이웃이나 고객으로 다양한 연령층의 여성들이 등장한다. 영화는 서구문화와 이슬람이 공존하는 레바논사회에서 여성들이 겪는 다양한 여성 문제들을 어둡지 않고 코믹하게 다루고 있어 아랍영화임에도 가슴 졸이지 않고 조금은 편안하게 볼 수 있다. 2007년 칸영화제에서 호평을 받고 전 세계적으로 수출되었으며 국내에서는 2008년 일반 극장에서 상영되기도 했다. 영화에서 유부남을 사랑하는 미혼여성을 자연스럽게 연기한 나딘 라바키감독은 감독으로서 뿐만 아니라 배우로서의 능력도 인정받게 되었다. 영화제목인 캬라멜은 미용실에서 여성들이 제모 할 때 사용하는 재료를 의미하며 여성들의 사랑과 현실을 젤리처럼 부드럽고 달콤하지만 제모를 위해 피부에 붙였다 떼는 순간 눈물이 찔끔 날만큼 고통스러운 감정을 달콤쌉싸름한 캬라멜에 비유했다.

<가버나움> CAPERNAUM, 2018

영화의 제목은 성경에 나오는 도시의 이름에서 가져왔다. 성경에서 가버나움은 갈릴리 지방의 작은 도시로 예수께서 많은 기적을 행하였으나 사람들이 이를 믿지 않아 결국 멸망하게 된 지역으로 알려져 있어 영화가 주는 무거움을 상징한다.

영화는 자신의 출생기록조차 없이, 책임감은 상실한 채 자식들만 줄줄이 낳은 부모로 인해 빈민가에서 어렵게 살고 있는 12살 소년 '자인'이 결국 지옥 같은 세상에 자신을 태어나게 한 부모를 고소하게 된다는 다소 충격적인 스토리를 담고 있다. 주인공을 비롯한 많은 아역배우들이 길거리 난민들 중에서 캐스팅되어 더욱 화제가 되었다. 어린 나이에 가족의 생계를 책임져야 하는 주인공은 너무 일찍 고통이 체화 된 탓에 일반적으로 또래의 아이들이 보여주는 표정 대신에 어떤 순간에서도 크게 울거나 웃는 표정의 변화가 없어 관객들의 가슴을 조이며, 마음 아파하게 하지만, 국내개봉에는 아역 배우들이 영화 상영 후 난민 지위를 인정받아 해외에서 가족과 함께 정착하고 학교에 다니게 되었다는 후속 이야기를 넣어주어 관객들이 조금은 가벼운 마음으로 극장을 나올 수 있게 했다. 제71회 칸영화제에서 15분 간의 기립박수를 받고 심사위원상을 수상했으며, 황금종려상 후보, 레바논 최초로 2019 골든글로브 외국어 영화상과 아카데미 시상식 외국어영화상 후보에도 올랐다.

아들 _ 아빠

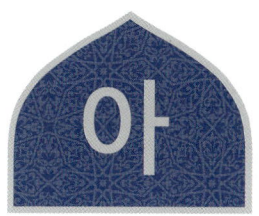

اِبْنٌ [이븐] 아들	이 분은 누구 아들이야?			
		اِبْنُ زَيْنَبَ لَطِيفٌ وَمَحْبُوبٌ. [이븐 자이납 라띠-프 와 마흐부-브]		
	자이납의 아들은 귀엽고 사랑스러워요.			
	귀여운	لَطِيفٌ	그리고	وَ	사랑스러운	مَحْبُوبٌ

اَللُّغَةُ الْعَرَبِيَّةُ [알루가 알아라비야] 아랍어	누가 아랍어를 잘하나요?			
		تُعَدُّ اللُّغَةُ الْعَرَبِيَّةُ لُغَةً رَسْمِيَّةً فِي الْأُمَمِ الْمُتَّحِدَةِ. [투앗두 알루가 알아라비야 루가 라쓰미야 필 우맘밀 뭇타히다]		
	아랍어는 유엔의 공식언어에요.			
	그것(여성)은 여겨진다	تُعَدُّ	공식의	رَسْمِيَّةٌ
	~에서	فِي	UN	الْأُمَمُ الْمُتَّحِدَةُ

أَبٌ [아브] 아빠	아빠~빠빠			
		يَعْمَلُ أَبِي فِي الشَّرِكَةِ. [야으말루 아비 핏 샤리카]		
	우리 아빠는 회사에서 근무하세요.			
	그는 일한다 ●○139p	يَعْمَلُ	~에서	فِي	회사	الشَّرِكَةُ

뻔뻔하고 펀(fun)하게 배우는 아랍어 단어357 77

아

아쉬운, 유감스러운, 미안한 _ 안경

آسِفٌ
[아-씨프]
아쉬운, 유감스러운, 미안한

아쉽게 기차가 떠났어요.

أَنَا آسِفٌ، سَأَتَأَخَّرُ قَلِيلًا.
[아나 **아-씨프**, 싸아타아카르 깔릴-란]

미안해요, 조금 늦을거에요.

나는	أَنَا	나는 늦을것이다	سَأَتَأَخَّرُ ○164p	조금	قَلِيلًا

صَبَاحٌ
[쏴바-흐]
아침

아침부터 그가 '싸바싸바' 하는 꼴 보니 기분이 안 좋아요.

صَبَاحُ الْخَيْرِ.
[**쏴바**-훌 카이르]

안녕하세요.(아침인사)

선, 복	الْخَيْرِ

Tip صَبَاحُ الْخَيْرِ 라고 인사를 받으면 상대방은 '좋은 아침이에요'의 의미로서 صَبَاحُ النُّورِ (빛의 아침), صَبَاحُ الْفُلِّ (재스민의 아침) 등으로 대답합니다.

مَرِيضٌ
[마리-드]
아픈

아픈 동물이 한 마리도 없네.

أَنَا مَرِيضٌ، عِنْدِي أَلَمٌ فِي بَطْنِي.
[아나 **마리-드**, 에인디 알람 피 바뜨니]

나 아파요, 배에 통증이 있어요.

나는	أَنَا	내게는 있다	عِنْدِي
통증, 고통	أَلَمٌ	나의 배	بَطْنِي

نَظَّارَةٌ
[낫돠-라]
안경

내가 안경을 어디에 놨다-라?

هَلْ تَعْرِفُ أَيْنَ نَظَّارَتِي؟
[할 타으립 아이나 **낫돠-라**티]

내 안경 어디있는 지 알아요?

~입니까 (의문사)	هَلْ	당신(남성)은 안다	تَعْرِفُ ○138p	어디(의문사)	أَيْنَ

안전, 안보 _ 야채

أَمْنٌ
[아믄]
안전, 안보

이 상처가 **아믄** 뒤에야 안전하다고 할 수 있어요.

نَجَحَتْ قُوَاتُ الْأَمْنِ فِي الثَّوْرَةِ.
[나좌하트 꾸와-트 알아믄 핏 싸우라]

안보군이 혁명에 성공했다.

그것(여성)은 성공했다	(فِي)	نَجَحَتْ	군들	قُوَاتُ	혁명	الثَّوْرَةِ
●○145p						

جَالِسٌ
[좔-리쓰]
앉아있는

얼마나 **잘나서** 앉아있는 거에요?

كُنْتُ جَالِسًا أَمَامَ الْبَابِ.
[쿤투 좔-리싼 아마-말 밥]

나는 문 앞에 앉아 있었어요.

나는 ~였다	كُنْتُ	앞에	أَمَامَ	문	الْبَابِ
●○187p					

أَمَامَ
[아마-마]
앞에

그는 아마 앞에 앉아 있을거에요.

اِنْتَظَرْتُ صَدِيقِي أَمَامَ بَابِ الْمَدْرَسَةِ.
[인타다르투 싸디-끼 아마-마 밥- 알마드라싸]

나는 학교앞에서 친구를 기다렸어요.

나는 기다렸다	اِنْتَظَرْتُ	나의 친구	صَدِيقِي
문	بَابِ	학교	الْمَدْرَسَةِ

سَائِلٌ
[싸-일]
액체

알코올 액체가 체내에 **쌓일**수록 건강에 좋지 않아요.

اِسْتَخْدِمِ الصَّابُونَ السَّائِلَ لِغَسْلِ الْيَدِ.
[이쓰타크디밋 쏴분- 앗싸-일 리가쓸리 알야드]

손 씻을 때 액체 비누를 사용하세요.

사용하세요(명령형, 남성)	اِسْتَخْدِمِ	비누	الصَّابُونَ
●○172p			
씻기위하여	لِغَسْلِ	손	الْيَدِ

خُضَرٌ
[쿠다르]
야채

코다리찜은 다양한 채소와 함께 드세요.

أَضَعُ الْخُضَرَ الْمُتَنَوِّعَةَ عَلَى السَّلَطَةِ.
[아다우 알쿠다르 알무타나위아 알라 앗쌀라따]

나는 샐러드에 다양한 채소들을 넣어요.

나는 넣는다	أَضَعُ	다양한	الْمُتَنَوِّعَةَ	샐러드	السَّلَطَةِ
●○182p					

아 _ 약_양파

دَوَاءٌ
[다와-]
약

아픈 사람 **다 와라**. 약 줄게.

أَتَنَاوَلُ الدَّوَاءَ بَعْدَ 30 دَقِيقَةً مِنْ كُلِّ وَجْبَةٍ.
[아타나-왈루 앗**다와**- 바으다 쌀라씬 다끼-까 민 쿨리 와즈바]

난 매 식후 30분 후에 약을 복용해요.

나는 복용한다 ○171p	أَتَنَاوَلُ	후에	بَعْدَ	분	دَقِيقَةٌ
~로부터	مِنْ	매	كُلٌّ	식사	وَجْبَةٌ

ضَعِيفٌ
[다이-프]
약한

다리 아프다고 약한 소리 하면 안돼!

لَنْ أَكُونَ ضَعِيفًا!
[란 아쿠-나 **다이**-판]

나는 약해지지 않을 거에요!

~하지 않을 것이다(미래 부정)	لَنْ	나는 ~이다 ○187p	أَكُونَ

Tip 당신(남성)은 ~이다 أَكُونَ 뒤에는 미완료동사가 오며 마지막 자음의 모음은 접속형인 (ـَ) 모음을 갖습니다.

خَرُوفٌ
[카루-프]
양

옛날에 **까르푸**에서 양고기를 싸게 팔았어요.

يَأْكُلُ الْعَرَبُ لَحْمَ الْخَرُوفِ فِي الْعِيدِ.
[야으쿨 알아랍 라흠 알**카루-프** 필 이-드]

아랍사람들은 명절에 양고기를 먹어요.

그는 먹는다 ○174p	يَأْكُلُ	아랍사람들	الْعَرَبُ
고기	لَحْمَ	명절	الْعِيدِ

بَصَلٌ
[바쌀]
양파

양파는 **바싹** 깎아주세요.

كَيْفَ أَقْطَعُ الْبَصَلَ بِدُونِ دُمُوعٍ؟
[카이파 아끄따우 알**바쌀** 비두-니 두무-인?]

눈물 흘리지 않고 어떻게 양파를 썰어요?

어떻게(의문사)	كَيْفَ	나는 자른다 ○141p	أَقْطَعُ
~없이	بِدُونِ	눈물	دُمُوعٌ

دَاكِنٌ [다-킨] **어두운** (짙은)	불 다 킨거야? 왜 이렇게 어두워?				
			شَعْرِي طَوِيلٌ وَلَوْنُهُ بُنِّيٌّ دَاكِنٌ. [샤우리 똬윌 와 라우투후 분니 다-킨]		
	내 머리카락은 길고 어두운 갈색이에요.				
	나의 머리카락	شَعْرِي	긴	طَوِيلٌ	
	그(것)의 색상	لَوْنُهُ	갈색	بُنِّيٌّ	

أَيّ [아이유] **어떤**	아이유가 최근에 무슨 노래 불렀어요?				
			أَيَّ فَصْلٍ تُحِبُّ؟ [아이 파쓸 투힙부]		
	어떤 계절을 좋아하세요?				
	계절	فَصْلٍ	당신(남성)은 좋아한다	تُحِبُّ؟	

كَيْفَ [카이파] **어떻게**	어떻게 그렇게 이쁜 케이프코트를 구했어?				
			كَيْفَ تَعَلَّمْتَ اللُّغَةَ الْفَرَنْسِيَّةَ؟ [카이파 타알람타 알루가 알파란씨야]		
	어떻게 프랑스어를 배웠어요?				
	당신(남성)은 배웠다 ●○167p	تَعَلَّمْتَ	언어	اللُّغَةَ	프랑스의	الْفَرَنْسِيَّةَ

صَعْبٌ [싸읍] **어려운**	어려워도 싸워봐.				
			أَلَيْسَتْ اللُّغَةُ الْكُورِيَّةُ صَعْبَةً؟ [알라이싸트 알루가 알쿠리야 싸으바]		
	한국어는 어렵지 않아요?				
	~입니까(의문사)	أَ	그것(여성)은 아닙니까?	أَلَيْسَتْ	
	언어	اللُّغَةُ	한국의	الْكُورِيَّةُ	

아 　 어제 _ 얼마?

أَمْسِ [암쓰] 어제

내가 어제 **암시**해 줬잖아요.

ذَهَبْتُ إِلَى السُّوقِ التَّقْلِيدِيَّةِ أَمْسِ.
[다합투 일라 앗쑤-끄 앗타끌리디야 **암쓰**]

난 어제 전통시장에 갔어요.

| 나는 갔다 ●○130p | ذَهَبْتُ | ~로 | إِلَى |
| 시장, 마켓 | السُّوقِ | 전통적인 | التَّقْلِيدِيَّةِ |

لُغَة [루가] 언어

누가 아랍어를 잘하죠?

يَتَكَلَّمُ دِيَابٌ اللُّغَةَ الْكُورِيَّةَ بِطَلَاقَةٍ.
[야타칼람 디얍 알**루가** 알쿠리야 비딸라-까]

디얍은 한국어를 유창하게 말해요.

| 그는 말한다 ●○168p | يَتَكَلَّمُ | 한국의 | الْكُورِيَّةَ | 유창하게 | بِطَلَاقَةٍ |

مَتَى [마타] 언제

맞다, 언제 만날까요 우리?

مَتَى نَتَقَابَلُ؟
[**마타** 나타까-발]

우리 언제 만나요?

| 우리는 만난다 | نَتَقَابَلُ |

وَجْهَة [와즈훈] 얼굴

와 저 훈훈한 얼굴을 봐.

أُحِبُّ وَجْهَكِ الْمُبْتَسِمَ.
[우힙부 **와즈하키** 알무브타씸]

난 당신(여성)의 웃는 얼굴이 좋아요.

| 나는 좋아한다 ●○177p | أُحِبُّ | 너(여성)의 얼굴 | وَجْهَكِ | 미소짓는, 웃는 | الْمُبْتَسِمَ |

كَمْ [캄] 얼마?

캄캄 해서 지갑에 돈 얼마있는 지 안보여요.

كَمْ عُمْرُكَ؟
[**캄** 우무루카]

몇 살이세요?

| 당신(남성)의 나이 | عُمْرُكَ؟ |

엄마 _ 예배 **아**

أُمّ [움미] 엄마	송아지가 '음메~'하고 엄마를 찾아요.				
	كَانَتْ أُمِّي مُغَنِّيَةً مَشْهُورَةً. [카-나트 움미 무간니야 마슈후-라]				
	우리 엄마는 유명한 가수였어요.				
	그녀는 ~였다 ○187p	كَانَتْ	가수	مُغَنِّيَة	유명한	مَشْهُورَة

الصَّيْف [앗싸이프] 여름	여름엔 **사이판**으로 가자!			
	اَلْجَوُّ حَارٌّ فِي فَصْلِ الصَّيْفِ. [알좌우 하-르 피 파쓸 앗싸이프]			
	여름 날씨는 덥네요.			
	날씨	اَلْجَوُّ	더운	حَارّ
	~에	فِي	계절	فَصْل

Tip فَصْل [파쓸] 이 단어는 '계절'이라는 의미 외에, '교실'이라는 뜻도 있습니다. 어근인 فَصْل 동사의 의미는 '나누다', '분리하다'입니다.

سَفَر [싸파르] 여행, 투어	우리 아프리카 **사파리** 투어하자!			
	كَيْفَ كَانَ سَفَرُكَ إِلَى الصَّحْرَاءِ؟ [카이파 카-나 싸파루카 일라 앗싸흐라-]			
	사막 투어는 어땠어요?			
	어떻게(의문사)	كَيْفَ	그것은(남성) ~였다 ○187p	كَانَ
	~로	إِلَى	사막	الصَّحْرَاء

صَلَاة [쌀라-] 예배	무슬림들이 예배볼 때 뭐라고 **쌀라쌀라** 하는 거에요?			
	أُرِيدُ أَنْ أَعْرِفَ الصَّلَاةِ فِي الْإِسْلَامِ. [우리-두 안 아으립 타리-크 앗쌀라- 필 이슬람]			
	나는 이슬람 예배(살라트) 역사를 알고 싶어요.			
	나는 ~을 하고 싶다 ○191p	أُرِيدُ أَنْ	나는 안다 ○138p	أَعْرِفَ
	역사	تَارِيخ	~에서	فِي	이슬람	الْإِسْلَام

아 _ 예술 _ 오리

فَنٌّ [판느] 예술

그림**판**에 그림을 그려 예술품을 완성했다.

تَحَوَّلَ الْخَطُّ الْعَرَبِيُّ إِلَى الْفَنِّ الْإِسْلَامِيِّ.
[타하왈라 알카뜨 알아라비 일라 알**판느** 알이슬라-미]

아랍서체는 이슬람 예술로 바뀌었다.

그것은 바뀌었다	تَحَوَّلَ	서체	الْخَطُّ
아랍의	الْعَرَبِيُّ	이슬람의	الْإِسْلَامِيِّ

قَدِيمٌ [까딤-] 오래된, 낡은

낡았다고 그렇게 **까대**면 안되요.

لِمَاذَا تَهْتَمُّ بِبَيْتٍ قَدِيمٍ؟
[리마-다 타흐탐 비바이트 **까딤**]

당신(남성)은 왜 낡은 집에 관심을 가져요?

왜(의문사)	لِمَاذَا	당신(남성)은 ~에 관심 갖는다	تَهْتَمُّ (بِ) ●○179p	집	بَيْتٍ

بُرْتُقَالٌ [부르투깔-] 오렌지

오렌지는 역시 **포르투갈**산이지.

يَشْمَلُ الْبُرْتُقَالُ فِيتَامِينَ سِي.
[야슈말 알**부르투깔**- 바이타-민 씨]

오렌지에는 비타민 C가 들어있어요.

그것(남성)은 포함한다	يَشْمَلُ ●○136p	비타민 C	فِيتَامِينَ سِي

بَطَّةٌ [밧똬] 오리

나 저번에 석촌호수에서 오리 **봤다**.

رَكِبَ الطِّفْلُ قَارِبَ الْبَطَّةِ فِي الْبُحَيْرَةِ.
[라키바 앗띠플 까-립 알**밧따** 필 부하이라]

그 어린아이는 호수에서 오리배를 탔어요.

그는 탔다	رَكِبَ ●○131p	아이	الطِّفْلُ
배	قَارِبَ	호수	الْبُحَيْرَةِ

오븐 _ 외삼촌

فُرْن
[푸른]
오븐

오븐에 넘 오래 구웠더니 음식이 푸른색으로 변했어요.

عَمِلْتُ طَبَقَ لَحْمِ الْخَرُوفِ بِالْفُرْنِ.
[아밀투 따바끄 라흠 알카루-프 빌 푸른]

오븐으로 양고기 요리를 만들었어요.

| 나는 만들었다, 일했다 ●○139p | عَمِلْتُ | 요리 | طَبَقَ |
| 고기 | لَحْمِ | 양 | الْخَرُوفِ | ~으로 | بِ |

ذُرَة
[두라]
옥수수

옥수수는 저기에 두라.

هَلْ الذُّرَةُ مُفِيدَةٌ فِي الرِّيجِيمِ؟
[할 앗두라 무피-다 피 앗리짐]

옥수수가 다이어트에 유익한가요?

| ~입니까(의문사) | هَلْ | 유익한 | مُفِيدَةٌ | 다이어트 | الرِّيجِيمِ |

مَلَابِس
[말라-비쓰]
옷들

옷들이 다 말라비틀어졌쓰

"هَانبُوك" مَلَابِسُ كُورِيَّةٌ تَقْلِيدِيَّةٌ.
["한복" 말라-비쓰 쿠리야 타끌리-디야]

"한복"은 한국의 전통 의상이에요.

| 한국의 | كُورِيَّةٌ | 전통적인 | تَقْلِيدِيَّةٌ |

خَال
[칼-]
외삼촌

우리 외삼촌은 칼 차고 다니신다.

كَانَ الْخَالُ مُوَظَّفًا فِي الْبَنْكِ.
[카-나 알칼- 무왓돠판 필 방크]

외삼촌은 은행원이셨어요.

| 그는 ~였다 ●○187p | كَانَ | 직원 | مُوَظَّفًا |
| ~에서 | فِي | 은행 | الْبَنْكِ |

아 우물 _ 위기

بِئْر
[비으르] 여성
우물

우물안을 다 **비우라**고요?

فِي الْمَاضِي، كَانَتْ تُسْتَخْدَمُ الْبِئْرُ لِلْحُصُولِ عَلَى الْمَاءِ.
[필 마-디, 카-나트 투쓰타크담 알**비으르** 리후쑿- 알랄 마-]

과거엔 물을 얻기위해 우물이 사용되곤 했다.

과거에	فِي الْمَاضِي	그것(여성)은 ~였다 ●○187p	كَانَتْ
그것(여성)은 사용된다 ●○172p	تُسْتَخْدَمُ	~을 얻기 위해 لِلْحُصُولِ(عَلَى)	물 الْمَاءِ

بَرِيد
[바리-드]
우편, 우편물

누군가가 **버려둔** 우편물이 쌓여있네요.

يَتَوَاصَلُ النَّاسُ بِالْبَرِيدِ الْإِلِكْتُرُونِي.
[야타와-쌀 안나-쓰 빌 **바리-디** 알일릭트루-니]

사람들은 전자우편으로 소통해요.

그는 소통한다	يَتَوَاصَلُ	사람들	النَّاسُ
~으로(수단)	بِـ	전자의	الْإِلِكْتُرُونِي

مَلْعَب
[말압]
운동장

운동장에서 그렇게 싸우지 **말아**!

يَلْعَبُ الْأَوْلَادُ فِي الْمَلْعَبِ.
[얄압 알아울라-드 필 **말압**]

아이들이 운동장에서 놀고있어요.

그는 논다 ●○144p	يَلْعَبُ	아이들	الْأَوْلَادُ

حَرَكَة
[하라카]
움직임, 동작, 이동

의사 선생님이 허락할 때까지 움직여야 해요.

يَتَعَلَّمُ أَحْمَدُ حَرَكَاتِ التَّايْكُونْدُو.
[야타알람 아흐마드 **하라카**-트 앗타이쿤두]

아흐마드는 태권도 동작들을 배우고 있어요.

그는 배운다 ●○167p	يَتَعَلَّمُ	동작들	حَرَكَاتِ	태권도	التَّايْكُونْدُو

أَزْمَة
[아즈마]
위기

아줌마는 위기라는 농담이 있어요, '위기의 주부들'이라는 미드 봤어요?

تَحْوِيلُ الْأَزْمَةِ إِلَى الْفُرْصَةِ!
[타흐윌 **아즈마** 일랄 푸르싸]

위기를 기회로 바꾸기!

바꾸기	تَحْوِيلُ	~로	إِلَى	기회	لَذِيذٌ

위상, 지위 _ 은

مَكَانَة
[마카-나]
위상, 지위

위상이 높아졌다고 그렇게 말하나?

سَاهَمَتْ فِرْقَةُ "بِي تِي أَسْ" فِي رَفْعِ مَكَانَةِ كُورِيَا فِي الْعَالَمِ.
[싸-하마트 피르까투 BTS 피 라프이 마카-나 쿠리야 필 알-람]

'BTS' 그룹이 세계에서 한국의 위상을 높이는 데 기여했어요.

그것은 기여했다	سَاهَمَتْ	그룹	فِرْقَةُ
○156p			
높임	رَفْعِ	세계	الْعَالَمِ

لَجْنَة
[라주나]
위원회

우리 위원회는 낮이나 밤이나 열심히 일하고 있습니다.

عَقَدَتْ لَجْنَةُ الصِّحَّةِ اِجْتِمَاعًا.
[아까다트 라주나 앗씻하 이주티마-안]

보건위원회가 회의를 개최했어요.

그것(여성)이 개최했다	عَقَدَتْ	건강, 의료, 보건	الصِّحَّةِ	회의	اِجْتِمَاعًا

خَطَر
[카따르]
위험

단교로 인해 카타르가 위험해졌대요.

تُسَاعِدُ الرِّيَاضَةُ عَلَى تَقْلِيلِ خَطَرِ الْإِصَابَةِ بِالْأَمْرَاضِ.
[투싸-이드 앗리야-돠 알라 타끌릴 카따르 알이싸-바 빌아므라-드]

운동은 병에 걸릴 위험을 줄이는 걸 도와줘요.

그것(여성)은 ~을 도와준다	تُسَاعِدُ (عَلَى)	운동	الرِّيَاضَةُ
○155p			
감소, 줄임	تَقْلِيلِ	(질병 등)~에 걸림	الْإِصَابَةِ (بِ)	질병들	الْأَمْرَاضِ

فِضَّة
[핏돠]
은

은제품을 팔아 팔자 폈다던데요.

إِذَا كَانَ الْكَلَامُ مِنْ فِضَّةٍ، فَالسُّكُوتُ مِنْ ذَهَبٍ.
[이다 카-나 알칼람- 민 핏돠, 팟쑤쿠-트 민 다합]

말이 은이라면, 침묵은 금이다.

만일 ~라면, ~이다	إِذَا - فَ	그것(남성)은 ~였다	كَانَ
		○187p	
말	الْكَلَامُ	침묵	السُّكُوتُ	금	ذَهَبٍ

음식 _ 이름

طَعَامٌ
[따암-]
음식

그는 음식을 먹을때마다 땀을 흘려요.

أُرِيدُ أَنْ أُجَرِّبَ الطَّعَامَ الْعَرَبِيَّ.
[우리-두 안 우좌립 앗**따암**- 알아라비]

난 아랍음식을 시도해보고 싶어요.

나는 ~을 하고 싶다	أُرِيدُ أَنْ	나는 시도한다	أُجَرِّبَ	아랍의	الْعَرَبِيَّ
○ 191p		○ 149p			

رَأْيٌ
[라으윤]
의견

너의 모든 의견은 전부 라이(lie)야.

مَا رَأْيُكِ فِي هَذَا الْمَوْضُوعِ؟
[마 **라으유**키 피 하달 마우두-이]

당신(여성)은 이 주제에 대하여 어떻게 생각해요?

무엇(의문사)	مَا	이	هَذَا	주제	الْمَوْضُوعِ

كُرْسِيٌّ
[쿠르씨]
의자

의자에 앉아있는 로빈슨 크루소씨.

كَانَ جَالِسًا عَلَى الْكُرْسِي.
[카-나 쫠-리싼 알랄 **쿠르씨**]

그는 의자에 앉아 있었어요.

그는 ~였다	كَانَ	앉아있는	جَالِسًا	~위에	عَلَى
○ 187p					

نَقْلٌ
[나끌]
이동, 운반

나 끌에서 이동시켜주세요.

اَلطَّائِرَةُ هِيَ أَسْرَعُ وَسِيلَةٍ لِلنَّقْلِ.
[앗따-이라 히야 아쓰라우 와씰-라 릿**나끌**]

비행기는 가장 빠른 이동수단이에요.

비행기	اَلطَّائِرَةُ	그것(여성)은	هِيَ
더 빠른	أَسْرَعُ	수단	وَسِيلَةٍ	이동을 위한	لِلنَّقْلِ

اِسْمٌ
[이씀]
이름

오빠, 저 별에도 이름이 있음?

مَا اِسْمُكِ؟ اِسْمِي أَمِيرَةُ.
[마 **이쓰무**키? **이쓰미** 아미-라]

이름이 뭐에요? 제 이름은 아미라예요.

무엇(의문사)	مَا	너(여성)의 이름은	اِسْمُكِ	내 이름은	اِسْمِي

| 이집트의, 이집트사람 _ 일본 | 아 |

مِصْرِيٌّ
[미쓰리]
이집트의, 이집트사람

미쓰 리는 이집트 사람처럼 생겼어요.

عِنْدِي صَدِيقٌ مِصْرِيٌّ.
[에인디 싸디-끄 미쓰리-]

내게는 이집트친구가 있어요.

| 내게는 있다 | عِنْدِي | 친구 | صَدِيقٌ |

إِنْسَانٌ
[인싼]
인간

나란 인간은 어디서나 인싸라니까.

يُهَاجِمُ الْفَيْرُوسُ جِسْمَ الْإِنْسَانِ؟
[투하-쥐무 알파이루-쓰 쥐씀 알인싼-]

그 바이러스는 인체를 공격해요.

| 그것(남성)은 공격한다 | يُهَاجِمُ | 바이러스 | الْفَيْرُوسُ | 신체 | جِسْمَ |

عَمَلٌ
[아말]
일, 노동, 직업

아 딸리지마, 나 일해서 돈벌꺼에요.

لَيْسَ هَذَا الْعَمَلُ سَهْلًا.
[라이싸 하달 아말 싸흘란]

그 일은 쉽지 않아요.

| 그것(남성)은 아니다 | لَيْسَ | 이 | هَذَا | 쉬운 | سَهْلًا |

الْيَابَانُ
[알야반-]
일본

일본이 패전해서 야반 도주했대요.

أُقِيمَتْ مُبَارَاةُ كُرَةِ الْقَدَمِ بَيْنَ كُورِيَا وَالْيَابَانِ.
[우끼-마트 무바-라 쿠라트 알까담 바이나 쿠리야 왈 야반]

한일 축구경기가 개최되었어요.

| 그것(여성)은 개최되었다 | أُقِيمَتْ | 경기, 게임 | مُبَارَاةُ | 공 | كُرَةِ |
| 발 | الْقَدَمِ | 사이에 | بَيْنَ | 한국 | كُورِيَا |

읽어라 _ 입

اِقْرَأْ
[이끄라]
읽어라
●○ 176p

우리 선생님은 사투리를 쓰셔서 '읽어라'를 <u>이끄라</u>라고 하세요.

"اِقْرَأْ هَذِهِ الْجُمْلَةَ الْعَرَبِيَّةَ بِبُطْءٍ"، قَالَ الْمُعَلِّمُ.
["**이끄라** 하디히 알주믈라 알아라비야 비부뜨인", 까알라 알무알림]

"이 아랍어 문장을 천천히 읽어보세요" 라고 선생님이 말씀하셨어요.

| 이, 이것 | هَذِهِ | 문장 | الْجُمْلَةَ |
| 아랍어의 | الْعَرَبِيَّةَ | 천천히 | بِبُطْءٍ |

فَمٌّ
[팜므]
입

<u>팜므</u>파탈은 빨간 입술이 매력이죠.

اِفْتَحْ فَمَكَ لِفَحْصِ الْأَسْنَانِ.
[이프타흐 **팜마카** 리파흐씨 알아쓰난]

치아 검사를 위해 입을 벌리세요.

여세요(명령형, 남성)	اِفْتَحْ	당신(남성)의 입	فَمَكَ
●○ 140p			
검사를 위해	لِفَحْصِ	치아들	الْأَسْنَانِ

문화

아랍어가 어원인 일상 속 영어

아랍어	영어	의미
سُكَّرٌ [쑤카르]	Sugar	설탕
جَمَلٌ [좌말]	Camel	낙타
قُطْنٌ [꾸뜬]	Cotton	면
زَرَافَةٌ [자라-파]	Giraffe	기린
شَرَابٌ [샤랍-]	Syrup	시럽
جِنٌّ [진느]	Genie	요정
قِيتَارَةٌ [끼타-라]	Guitar	기타
جَرَّةٌ [자라]	Jar	항아리
سَفَرٌ [싸파르]	Safari	사파리여행
إِسْبِنَاخٌ [이쓰비나-크]	Spinach	시금치
تَعْرِيفَةٌ [타으리-파]	Tariff	관세
صِفْرٌ [쒸프르]	Zero	영(0)
مُومِيَاءٌ [무미야-]	Mummy	미이라
صَحَارَى [쏴하-라]	Sahara	사막
اَلطُّوبُ [앗뚜웁]	Adobe	Adobe
اَلْكِيمِيَاءُ [알키미야-]	Alchemy	연금술, 화학
قَهْوَةٌ [까흐와]	Coffee	커피
اَلْخَوَارِزْمِي [알카와르지미]	Algorism	알고리즘
اَلْكُحُولُ [알쿠훌]	Alcohol	알코올

자

자동차 _ 작은, 어린

سَيَّارَةٌ
[싸야-라]
자동차

싸이야! 나봐라. 새 차 뽑았다.

يَسُوقُ زَيْدٌ سَيَّارَةً حَمْرَاءَ.
[야쑤-끄 자이드 싸야-라 하므라]

자이드는 빨간색 차를 운전해요.

| 그는 운전한다 | يَسُوقُ | 붉은색의(여성) | حَمْرَاءَ |

دَرَّاجَةٌ
[다라-좌]
자전거

자전거 바퀴가 다 닳아졌네.

مَنْ يُحِبُّ رُكُوبَ الدَّرَّاجَةِ فِي هَذَا الْجَوِّ الْحَارِّ؟
[만 유힙부 루쿠-브 앗다라-좌 피 하달 좌우 알하-르]

누가 이 더운 날씨에 자전거 타는 걸 좋아해요?

| 누구(의문사) | مَنْ | 그는 좋아한다 | يُحِبُّ ●○177p | 탑승 | رُكُوبَ |
| 이, 이것 | هَذَا | 날씨 | الْجَوِّ | 더운 | الْحَارِّ |

صَغِيرٌ
[쑈기-르]
작은, 어린

어린 녀석에게 사기를 당했어요.

يَسْكُنُ وَلَدٌ صَغِيرٌ فِي هَذَا الْمَنْزِلِ.
[야쓰쿤 왈라드 쑈기-르 피 하다 알만질]

어린 소년이 이 집에 살아요.

| 그는 거주한다 | يَسْكُنُ ●○132p | 소년 | وَلَدٌ |
| ~에 | فِي | 이 | هَذَا | 집 | الْمَنْزِلِ |

잔 _ 장관 자

فِنْجَان
[핀쨘]
잔

모두 빈잔을 채웁시다.

أَعْطِنِي فِنْجَانَ قَهْوَةٍ، مِنْ فَضْلِكَ.
[아으띠니 **핀쨘** 까흐와, 민 파들릭]

커피한잔 주세요, 부탁합니다.

| 나에게 주세요 | أَعْطِنِي | 커피 | قَهْوَةٍ | 부탁합니다, please | مِنْ فَضْلِكَ |

نَوْم
[나움]
잠

지금 이 상황에서 잠이 나옴?

يُعَزِّزُ النَّوْمُ الْكَافِي الْمَنَاعَةَ.
[유앗지즈 앗**나움** 알카-피 알마나-아]

충분한 수면은 면역을 강화시켜요.

| 그것은 강화한다 | يُعَزِّزُ | 충분한 | الْكَافِي | 면역력 | الْمَنَاعَةَ |

مَجَلَّة
[마좔라]
잡지

이번 달 부록이 너무 좋아서 잡지가 **마좔라**.

كَتَبْتُ مَقَالًا فِي الْمَجَلَّةِ.
[카탑투 마깔-란 필 **마좔라**]

나는 잡지에 글을 썼어요.

| 나는 썼다 | كَتَبْتُ | 아티클, 기사, 글 | مَقَالًا |
○142p

رَئِيس
[라이-쓰]
**장,
우두머리**

다들 빵을 먹는데, 사장님만 **라이쓰**를 드신다.

يُلْقِي رَئِيسُ الْمَدْرَسَةِ كَلِمَةً أَمَامَ الطُّلَّابِ.
[율끼 **라이-쓰** 알마드라싸 칼리마 아마-마 앗뚤랍-]

교장선생님은 학생들 앞에서 연설을 하신다.

| 그는 (연설을)한다 | يُلْقِي | 학교 | الْمَدْرَسَةِ |
| 말, 발언, 연설 | كَلِمَةً | 앞에 | أَمَامَ | 학생들(남성) | الطُّلَّابِ |

وَزِير
[와지-르]
장관

그 장관의 연설은 **와** 지루 하더라.

زَارَ وَزِيرُ الْخَارِجِيَّةِ دَوْلَةَ الْكُوَيْتِ.
[자-라 **와지-르** 알카-리쥐야 다울라 알쿠와이트]

외교부 장관은 쿠웨이트를 방문했다.

| 그는 방문했다 | زَارَ | 해외의, 외부의 | الْخَارِجِيَّةِ | 국가 | دَوْلَةَ |
○184p

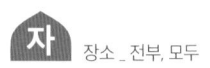
장소 _ 전부, 모두

مَكَان
[마칸-]
장소

나한테 딱한 사람, 아까 그 장소로 와!

يَحْتَاجُ الْمُسْلِمُونَ إِلَى مَكَانٍ هَادِئٍ لِلصَّلَاةِ.
[야흐타-주 알무슬리문 일라 **마칸** 하-디 릿쌀라-]

무슬림들은 기도를 위한 조용한 장소가 필요해요.

| 그는 ~을 필요로 한다 | يَحْتَاجُ (إِلَى) | 무슬림들 | الْمُسْلِمُونَ |
| 조용한 | هَادِئٍ | 기도를 위해 | لِلصَّلَاةِ |

اَلْعَشَاء
[알아샤-]
저녁식사

다이어트 한다고 그렇게 저녁 굶다가는 아사한다.

لَا أَتَنَاوَلُ الْعَشَاءَ عَادَةً.
[라 아타나-왈룰 **아샤**- 아-다탄]

나는 보통 저녁식사를 하지 않아요.

| 나는 다룬다, 식사를 한다 | أَتَنَاوَلُ | 보통 | عَادَةً |

●○171p

مَسَاء
[마싸-]
저녁

마싸아쥐는 저녁에 받아야 푹 잘 수 있어요.

مَسَاءُ الْخَيْرِ.
[**마싸**-울 카이르]

안녕하세요.(저녁인사)

| 선, 복 | الْخَيْرِ |

كُلّ
[쿨루]
전부, 모두

모든 쿨루(clue)가 다 사라졌어요.

كُلُّ ذِكْرَيَاتِي فِي كُورِيَا جَمِيلَةٌ.
[**쿨루** 디크라야-트 피 쿠리야 좌밀-라]

한국에서의 모든 추억들이 아름다워요.

| 나의 추억들 | ذِكْرَيَاتِي | ~에서 | فِي |
| 한국 | كُورِيَا | 아름다운 | جَمِيلَةٌ |

94

전에 _ 점심식사 | **자**

قَبْلَ
[까블라]
전에

계속 까불라, 혼나기 전이니까.

سَأَدْرُسُ قَلِيلًا قَبْلَ الْغَدَاءِ.
[싸아드루쓰 깔릴-란 **까블랄** 가다-]

점심먹기 전에 조금 공부할거에요.

나는 공부한다	سَأَدْرُسُ	조금	قَلِيلًا	점심식사	الْغَدَاءِ
○128p					

حَرْبٌ
[하릅]
전쟁

하루가 멀다 하고 전쟁이다.

انْدَلَعَتِ الْحَرْبُ الْكُورِيَّةُ فِي عَامِ 1950.
[인달라아틸 **하릅** 알쿠리야 피 암 알프 와 티쓰이미아 와 캄씬]

한국전쟁은 1950년에 발발했어요.

| 그것은 발발했다 | انْدَلَعَتْ | 한국의 | الْكُورِيَّةُ | ~년에 | فِي عَامِ |

فَتَاةٌ
[파타-트]
젊은 여성, 소녀

팜프파탈은 '치명적인 여인'이라는 프랑스 말이래요.

"سارة" هِيَ الْفَتَاةُ الْوَحِيدَةُ فِي الْقَرْيَةِ.
[싸라 히얄 **파타-** 알와히-다 필 까리야]

사라는 마을에서 유일한 젊은 여성이에요.

| 그녀는 | هِيَ | 유일한 | الْوَحِيدَةُ | 마을에서 | فِي الْقَرْيَةِ |

فَتًى
[파탄]
젊은이

젊은이의 인생이 파탄났대요.

تَحَوَّلَ فَتَى تَوْصِيلِ الْبِيتْزَا إِلَى صَاحِبِ الْمَحَلِّ.
[타하왈라 **파타** 타우씰 앗빗자 일라 싸-힙 알마할]

피자 배달 젊은이가 가게 주인이 되었어요.

| 그는 바뀌었다 | تَحَوَّلَ | 배달 | تَوْصِيلِ |
| ~로 | إِلَى | 주인 | صَاحِبِ | 가게 | الْمَحَلِّ |

الْغَدَاءُ
[알가다-]
점심식사

가다가 점심먹어요.

هَيَّا نَتَنَاوَلْ الْغَدَاءَ.
[핫야 나타나-왈 **알가다-**]

우리 점심먹어요.

| ~하자 | هَيَّا | 우리는 다룬다, 식사를 한다 | نَتَنَاوَلْ |
| | | ○171p | |

정말로 _ 졸린

حَقًّا [핫깐] 정말로

내가 학관에서 밥 살게. 정말?

هَلْ حَقًّا هَذَا الْخَبَرُ صَحِيحٌ؟
[할 핫깐 하다 알카바르 쏴히-흐]

정말 이 뉴스 사실이이에요?

~입니까(의문사)	هَلْ	이, 이것	هَذَا
뉴스, 소식	الْخَبَرُ	맞는, 올바른	صَحِيحٌ

حُكُومَةٌ [후쿠-마] 정부

일본 정부가 후쿠시마 사건을 은폐했어요.

أَعْلَنَتْ الْحُكُومَةُ السُّعُودِيَّةُ عَنْ الرُّؤْيَةِ 2030.
[아을라나트 알후쿠-마 앗쑤우-디야 아닛 루우야 알파인 와 쌀라씬]

사우디 정부가 비전2030을 발표했다.

그것(여성)은 ~을 발표했다	أَعْلَنَتْ (عَنْ)	사우디의	السُّعُودِيَّةُ	비전	الرُّؤْيَةِ

نِظَامٌ [니담-] 제도, 규칙

니 담을 넘는 행위는 학교 규칙 위반이야.

تُخَالِفُ خُطَّتُكَ نِظَامَ الشَّرِكَةِ.
[투칼-리프 쿠따투카 니담- 앗샤리카]

당신(남성)의 계획은 회사 규칙을 위반하는 것입니다.

그것(여성)은 위반한다	تُخَالِفُ	당신(남성)의 계획	خُطَّتُكَ	회사	الشَّرِكَةِ

سَاكِنٌ [싸-킨] 조용한

분을 삭힌 다음 조용해지면 얘기합시다.

أَنَا أَعْمَلُ فِي مَكْتَبٍ سَاكِنٍ.
[아나 아으말 피 마크탑 싸-킨]

나는 조용한 사무실에서 근무해요.

나는	أَنَا	나는 일한다	أَعْمَلُ	사무실	مَكْتَبٍ

○○139p

نَاعِسٌ [나-이쓰] 졸린

나있어 안 졸았어.

كُنْتُ نَاعِسًا بَعْدَ الْغَدَاءِ.
[쿤투 나-이싼 바으달 가다-]

점심먹고 나니 졸렸어요.

나는 ~였다	كُنْتُ	후에	بَعْدَ	점심식사	الْغَدَاءِ

○○187p

종교 _ 주먹

دِينٌ
[딘-]
종교

나는 이상한 종교에 **디인** 적이 있어요.

فِي الْحَقِيقَةِ، إِنَّ الْإِسْلَامَ هُوَ دِينُ السَّلَامِ.
[피 알하끼-까, 인나 알이슬람 후와 **딘**- 앗쌀람-]

사실, 이슬람은 평화의 종교에요.

사실	الْحَقِيقَة	이슬람	الْإِسْلَام
그는, 그것은	هُوَ	평화	السَّلَام

وَرَقَةٌ
[와라까]
종이

오락가락 할 때는 종이에 적으세요.

اُكْتُبِي أُمْنِيَتَكِ عَلَى الْوَرَقَةِ.
[우크투비 움니야타키 알랄 **와라까**]

당신(여성)의 소원을 종이에 써보세요.

쓰세요(명령형, 여성) ●○142p	اُكْتُبِي	당신(여성)의 소원	أُمْنِيَتَكِ	위에	عَلَى

طَيِّبٌ
[따입]
좋은

그게 제일 좋은 **타입**이에요.

يَبْدُو عَبْدُ الْعَزِيزِ شَخْصًا طَيِّبًا.
[야브두 압둘 아지-즈 샤크싼 **따이반**]

압둘아지즈는 좋은 사람처럼 보여요.

그는 ~처럼 보인다	يَبْدُو	사람	شَخْصًا

أُسْبُوعٌ
[우쓰부-으]
주, 일주

그대~ 일주일에 한번이라도 **웃어봐요**.

يُسَافِرُ رَامِي إِلَى سِيُول خِلَالَ أُسْبُوعٍ وَاحِدٍ.
[유싸-피루 라-미 일라 씨울 킬랄-라 **우쓰부-인** 와-히드]

라미는 일주일동안 서울을 여행해요.

그는 여행한다 ●○154p	يُسَافِرُ	~로	إِلَى
동안	خِلَالَ	하나	وَاحِدٍ

قَبْضَةٌ
[까브돠]
주먹

까불다가 너 주먹으로 맞는다.

يُدْعَى "رَجُلُ الْقَبْضَةِ الْحَدِيدِيَّةِ".
[유드아 '라줄 알**까브돠** 알하디-디야']

그는 '강철주먹의 남자'로 불려요.

그는 불리운다	يُدْعَى	남자	رَجُلُ	강철의	الْحَدِيدِيَّة

 주방 _ 중국

مَطْبَخٌ [마뜨바크] 주방

주방용품은 **마트밖**엔 없어요.

مَتَى تُنَظِّفُ الْمَطْبَخَ؟
[마타 투낫딧프 알**마뜨바크**]

주방 언제 청소할거에요?

| 언제(의문사) | مَتَى | 당신(남성)은 청소한다 | تُنَظِّفُ |

حُقْنَةٌ [후끄나] 주사

주사를 맞으면 **후끈**해져요.

لَا أُحِبُّ الْحُقْنَةَ أَبَدًا!
[라 우힙부 **후끄나** 아바단]

난 절대 주사를 좋아하지 않아요!

| 나는 좋아하지않는다 ●○177p | لَا أُحِبُّ | 결코, 절대 | أَبَدًا |

عُنْوَانٌ [우느완-] 주소

오우~난 누가 내 주소 아는거 싫어요.

مَا عُنْوَانُ بَرِيدِكَ الْإِلِكْتْرُونِي؟
[마 **우느완** 바리-디카 알일릭트루-니]

네 이메일 주소가 뭐에요?

| 무엇(의문사) | مَا | 당신(남성)의 우편 | بَرِيدِكَ | 전자의 | الْإِلِكْتْرُونِيّ |

عَصِيرٌ [아씨-르] 주스

아 써라 이게 무슨 주스야?

سَأَشْرَبُ عَصِيرَ اللَّيْمُونِ.
[싸아슈랍 **아씨-르** 알라이문]

저는 레몬주스를 마실게요.

| 나는 마신다 ●○134p | سَأَشْرَبُ | 레몬 | اللَّيْمُونِ |

الصِّينُ [앗씬-] 중국

중국관광객들이 **아 씬**나게 떠들더라.

زُرْتُ سُورَ الصِّينِ الْعَظِيمِ.
[주르투 쑤-르 **앗씬**- 알아딤-]

나는 중국 만리장성을 방문했어요.

| 나는 방문했다 ●○184p | زُرْتُ | 벽, 성벽, 펜스 | سُورَ | 위대한, 거대한 | الْعَظِيمِ |

중요한 _ 지하철

مُهِمّ [무힘] 중요한	이 모임은 매우 중요한 모임이야.			
	دُبَيٌّ مَدِينَةٌ مُهِمَّةٌ فِي التِّجَارَةِ وَالْمَالِ. [두바이 마디-나 무힘마 피 앗티좌-라 왈 말-]			
	두바이는 무역과 금융에서 중요한 도시에요.			
	두바이	دُبَيٌّ	도시	مَدِينَةٌ
	무역	التِّجَارَةِ	금융, 돈	الْمَالِ

دَلِيلٌ [달릴-] 증거	증거를 찾을 때까지 열심히 달릴 거에요.			
	اِخْتَفَى الدَّلِيلُ الْمُهِمُّ. [이크타파 앗달릴 알무힘]			
	중요한 증거가 사라졌어요.			
	그것은(남성) 사라졌다	اِخْتَفَى	중요한	الْمُهِمُّ

خَرِيطَةٌ [카리-똬] 지도	저 사람한테 칼있다, 보물지도 넘겨.			
	أَيْنَ تَقَعُ تُونِسُ عَلَى الْخَرِيطَةِ؟ [아이나 타까우 투-니쓰 알랄 카리-똬]			
	지도에서 튀니지는 어디에 위치해있나요?			
	어디(의문사)	أَيْنَ	그것(여성)은 위치한다	تَقَعُ	~위에	عَلَى

مُمِلٌّ [무밀] 지루한	왜 이렇게 지루하고 무미건조하지?			
	اَلْخِطَابُ مُمِلٌّ جِدًّا. [알키땁 무밀 찟단]			
	그 연설은 너무 지루해요.			
	그 연설	اَلْخِطَابُ	매우	جِدًّا

مِتْرُو [미트루] 지하철	전철은 밑으로 가요.				
	مَنْزِلِي قَرِيبٌ مِنْ مَحَطَّةِ الْمِتْرُو. [만질리 까립 민 마핫똬틸 미트루]				
	우리 집은 지하철역에서 가까워요.				
	나의 집	مَنْزِلِي	~에서 가까운	قَرِيبٌ مِنْ	역	مَحَطَّةِ

자

직업 _ 짧은, 키가 작은

مِهْنَة
[미흐나]
직업

미우나 고우나 해도 지금 이 직업이 제일 낫지

مَا هِيَ الْمِهْنَةُ الْمُنَاسِبَةُ لَكَ؟
[마 히야 알**미흐나** 알무나-씨바 라카]

당신(남성)에게 적당한 직업이 무엇인가요?

| 무엇(의문사) | مَا | 그것은(여성) | هِيَ |
| 적당한 | الْمُنَاسِبَةُ | 당신에게 | لَكَ |

مَنْزِل
[만질]
집

내 집 **만질** 생각도 하지마!

شِرَاءُ مَنْزِلٍ فِي كُورِيَا، أَمْرٌ صَعْبٌ.
[쉬라-우 **만질** 피 쿠리야, 아므룬 쏴읍]

한국에서 집을 사는 건 어려운 일이에요.

| 구매 | شِرَاءُ | 일, 문제 | أَمْرٌ |
| 어려운 | صَعْبٌ | 한국에서 | فِي كُورِيَا |

دَار
[다-르] 여성
집

집이 어디에요? **다** 왔어요.

يُفَضِّلُ النَّاسُ فِي هَذِهِ الْأَيَّامِ، دَارَ الضِّيَافَةِ عَلَى الْفُنْدُقِ.
[유팟딜 앗나-쓰 피 하디힐 아얌, **다-르** 앗디아-파 알라 알푼두끼]

요즘 사람들은 호텔 보다 게스트 하우스를 선호해요.

| 그는 ~를 …보다 선호한다 | يُفَضِّلُ ~ (عَلَى) … | 사람들 | النَّاسُ |
| 요즈음에 | فِي هَذِهِ الْأَيَّامِ | 환대, 접대 | الضِّيَافَةِ | 호텔 | الْفُنْدُقِ |

●○ 152p

قَصِير
[까씨-르]
짧은, 키가 작은

머리카락이 짧은 저 남자가 좀 **까칠**해요.

يُخْرِجُ الْمُخْرِجُ الْفِيلْمَ الْقَصِيرَ.
[유크리주 알무크리주 알필름 알**까씨-르**]

그 감독은 단편영화를 제작하고 있어요.

| 그는 제작한다 | يُخْرِجُ | 감독, 제작자 | الْمُخْرِجُ | 영화, 필름 | الْفِيلْمَ |

아랍어숫자

아랍숫자	상용숫자	뒤에 남성 명사가 올 때	뒤에 여성 명사가 올 때
٠	0	صِفْرٌ [쉬프르]	
١	1	وَاحِدٌ [와-히드]	وَاحِدَةٌ [와-히다]
٢	2	اِثْنَانِ [이쓰난-]	اِثْنَاتَانِ [이쓰나탄-]
٣	3	ثَلَاثَةٌ [쌀라-싸]	ثَلَاثٌ [쌀라-쓰]
٤	4	أَرْبَعَةٌ [아르바아]	أَرْبَعٌ [아르바운]
٥	5	خَمْسَةٌ [캄싸]	خَمْسٌ [캄쓰]
٦	6	سِتَّةٌ [씻타]	سِتٌّ [씻트]
٧	7	سَبْعَةٌ [싸브아]	سَبْعٌ [싸브운]
٨	8	ثَمَانِيَةٌ [싸마-니야]	ثَمَانٍ [싸마-닌]
٩	9	تِسْعَةٌ [티쓰아]	تِسْعٌ [티쓰운]
١٠	10	عَشَرَةٌ [아슈라]	عَشْرٌ [아슈르]

Tip 1은 하나의 명사의 수식어로 사용되고, 2는 쌍수가 있어 명사 뒤에 (أَنْ , أَيْنْ) 를 붙이면 됩니다.
3-10까지 숫자 뒤에 오는 명사는 '비한정복수'명사이며 명사의 마지막 자음의 모음은 '소유격' (ٍ) 이 옵니다.

아랍숫자	상용숫자	뒤에 남성 명사가 올 때	뒤에 여성 명사가 올 때
١١	11	أَحَدَ عَشَرَ [아하다 아샤라]	إِحْدَى عَشْرَةَ [이흐다 아슈라]
١٢	12	اِثْنَا عَشَرَ [이쓰나 아샤라]	اِثْنَتَا عَشْرَةَ [이쓰나타 아슈라]
١٣	13	ثَلَاثَةَ عَشَرَ [쌀라-싸타 아샤라]	ثَلَاثَ عَشْرَةَ [쌀라-싸 아슈라]
١٤	14	أَرْبَعَةَ عَشَرَ [아르바아타 아샤라]	أَرْبَعَ عَشْرَةَ [아르바아 아슈라]

١٥	15	خَمْسَةَ عَشَرَ [캄싸타 아샤라]	خَمْسَ عَشْرَةَ [캄싸 아슈라]
١٦	16	سِتَّةَ عَشَرَ [씻타타 아샤라]	سِتَّ عَشْرَةَ [씻타 아슈라]
١٧	17	سَبْعَةَ عَشَرَ [싸브아타 아샤라]	سَبْعَ عَشْرَةَ [싸브아 아슈라]
١٨	18	ثَمَانِيَةَ عَشَرَ [싸마-니야타 아샤라]	ثَمَانِيَ عَشْرَةَ [싸마-니야 아슈라]
١٩	19	تِسْعَةَ عَشَرَ [티쓰아타 아샤라]	تِسْعَ عَشْرَةَ [티쓰아 아슈라]

> **Tip** 11-19까지의 숫자는 마지막 자음의 모음이 목적격(َ) 이 특징이며, 뒤에 오는 명사는 '비한정 단수명사'가 오고 명사의 마지막 자음의 모음은 비한정 목적격(ً) 이 옵니다.

아랍숫자	상용숫자	주격	목적격 / 소유격
٢٠	20	عِشْرُونَ [이슈룬-]	عِشْرِينَ [이슈린-]
٣٠	30	ثَلَاثُونَ [쌀라쑨-]	ثَلَاثِينَ [쌀라씬-]
٤٠	40	أَرْبَعُونَ [아르바운-]	أَرْبَعِينَ [아르바인-]
٥٠	50	خَمْسُونَ [캄쑨-]	خَمْسِينَ [캄씬-]
٦٠	60	سِتُّونَ [씻툰-]	سِتِّينَ [씻틴-]
٧٠	70	سَبْعُونَ [싸브운-]	سَبْعِينَ [싸브인-]
٨٠	80	ثَمَانُونَ [싸마눈-]	ثَمَانِينَ [싸마닌-]
٩٠	90	تِسْعُونَ [티쓰운-]	تِسْعِينَ [티쓰인-]

> **Tip** 20부터 90까지의 숫자는 뒤에 나오는 명사의 성에 대한 구분 없이 다 쓸 수 있습니다. 하지만, 격변화를 해서, '30은' 또는 '30권의 책은' 과 같이 주격이 올 때에는 ونَ , '30을' 또는 '30권의 책을' 과 같이 목적격 혹은 소유격이 올 때에는 ينَ 가 옵니다.

차, 티 _ 책

شَايٌ [샤-이] 차, 티	샤이한 그 남자가 차 한잔 하자고 하네요.				
		يُسَاعِدُ الشَّايُ الدَّافِئُ عَلَى الِاسْتِرْخَاءِ. [유싸-이드 앗샤-이 알다-피우 알라 알이쓰티르카-]				
	따뜻한 차는 긴장 푸는 걸 도와줘요.				
	그것은(남성) ~을 도와준다	يُسَاعِدُ (عَلَى) ●○ 155p	따뜻한	الدَّافِئُ	긴장완화, 휴식	الِاسْتِرْخَاءِ

نَافِذَةٌ [나-피다] 창문	창문을 봐! 나-삐다!				
		اِفْتَحْ النَّافِذَةَ لَوْ سَمَحْتَ. [이프타흐 앗나-피다 라우 싸마흐타]				
	창문을 열어주세요.				
	열어주세요(명령형, 남성에게)	اِفْتَحْ ●○ 140p	실례합니다, 부탁합니다, please	لَوْ سَمَحْتَ

كِتَابٌ [키탑-] 책	책을 많이 읽으면 마음의 키가 탑처럼 커질까요?				
		أَسْتَمْتِعُ بِقِرَاءَةِ الْكِتَابِ. [아쓰탐티우 비끼라-아 알키탑]				
	나는 독서를 즐겨요.				
	나는 ~을 즐긴다	أَسْتَمْتِعُ (بِ)	읽기, 독서	قِرَاءَةٌ

차 책상, 사무실 _ 초대

مَكْتَبٌ
[마크탑]
책상, 사무실

마크가 탑인 이유는 책상에 오래 앉아서 일하기 때문이야.

عَلَى الْمَكْتَبِ، قَلَمٌ وَكِتَابٌ وَدَفْتَرٌ.
[알랄 마크탑, 깔람 와 키탑 와 다프타르]

책상위에 펜과 책과 노트가 있어요.

قَلَمٌ	펜	عَلَى	위에
دَفْتَرٌ	노트	كِتَابٌ	책	وَ	그리고

عَبْقَرِيٌّ
[아브까리]
천재

그 사람은 천재지만, 자기 앞가림을 못해요.

كُلُّ إِنْسَانٍ عَبْقَرِيٌّ. هَلْ هَذَا صَحِيحٌ؟
[쿨루 인싼 아브까리. 할 하다 쌔히-훈]

모든 인간은 천재라는데, 이것은 맞나요?

إِنْسَانٌ	인간	كُلُّ	각각, 모든
صَحِيحٌ	맞는	هَذَا	이것	هَلْ	~입니까(의문사)

شَابٌّ
[샵-브]
청년

그 청년은 샤넬 샤넬을 좋아해요.

كَيْفَ أَصْبَحَ الشَّابُّ الْفَقِيرُ غَنِيًّا؟
[카이파 아쓰바하 앗샵-브 알파끼-르 가니얀]

그 가난한 청년이 어떻게 부자가 되었어요?

أَصْبَحَ	그는 되었다 ○162p	كَيْفَ	어떻게 (의문사)
غَنِيًّا	부유한, 부자	الْفَقِيرُ	가난한

دَعْوَةٌ
[다으와]
초대

내가 초대할 테니까, 다와.

نَتَشَرَّفُ بِدَعْوَتِكُمْ لِحَفْلَةِ افْتِتَاحِ الْمِهْرَجَانِ.
[나타샤랏프 비다우와티쿰 리하플라 이프티타-히 알미흐라잔]

축제 개막식에 귀하를 초대하게 되어 영광입니다.

دَعْوَتِكُمْ	당신의 초대	نَتَشَرَّفُ (ب)	우리는 ~이 영광입니다
الْمِهْرَجَانِ	축제	افْتِتَاحِ	개막	لِحَفْلَةِ	식에

| 추방 _ 취미 | 차 |

طَرْد
[따르드]
추방

추방은 따로두는 것이에요.

قَرَّرَتْ الْحُكُومَةُ طَرْدَ الْمُهَاجِرِينَ.
[까라라트 알후쿠-마 따르드 알무하쥐린-]

정부는 이민자들 추방을 결정했다.

| 그것(여성)은 결정했다 | قَرَّرَتْ | 정부 | الْحُكُومَةُ | 이민자들 | الْمُهَاجِرِينَ |

بَارِد
[바-리드]
추운

너무 추워서 '바르드' 떨려요.

اَلطَّقْسُ بَارِدٌ الْيَوْمَ.
[앗따끄쓰 바-리드 알야움]

오늘 날씨가 춥네요.

| 날씨, 기상 | اَلطَّقْسُ | 오늘 | الْيَوْمَ |

خُرُوج
[쿠루-즈]
출구

크루즈 타러가는 출구가 어디에요?

اَلْخُرُوجُ هُنَاكَ. هَيَّا بِنَا!
[알쿠루-즈 후나-카. 핫야 비나]

출구는 저쪽이에요. 갑시다!

| 저기에 | هُنَاكَ | 갑시다 | هَيَّا بِنَا |

حَاضِر
[하-디르]
출석한, 현재의

하~뒤로 몰래 들어와서 출석체크한 학생 누구야?

مَنْ كَانَ حَاضِرًا فِي الْمُحَاضَرَةِ؟
[만 카-나 하-디란 필 무하-다라]

강의에 출석했던 사람은 누구에요?

| 누구(의문사) | مَنْ | 그는 ~였다 ●○187p | كَانَ |
| ~에 | فِي | 강의 | الْمُحَاضَرَةِ |

هِوَايَة
[히와-야]
취미

취미생활 즐기려면 이 정도 장비는 해와야지요.

هِوَايَتِي مُشَاهَدَةُ الْأَفْلَامِ.
[히와-야티 무샤-하다 알아플람-]

내 취미는 영화보기에요.

| 시청 | مُشَاهَدَةُ | 영화들 | الْأَفْلَامِ |

취소 _ 친절한

إِلْغَاءٌ
[일가-]
취소

일가 친척 모임이 모두 취소되었다.

تَمَ إِلْغَاءُ الرِّحْلَةِ الْجَوِّيَةِ بِسَبَبِ الْإِعْصَارِ.
[탐마 **일가**-우 앗리흘라 알좌위야 비싸바비 알이으싸-르]

태풍으로 인해 항공편이 취소되었어요.

| 그것(남성)은 이루어졌다 | تَمَ | 여행, 운항 | الرِّحْلَةُ |
| 항공의 | الْجَوِّيَةُ | ~때문에 | بِسَبَبِ | 태풍 | الْإِعْصَارُ |

عِلَاجٌ
[일라-주]
치료

치료를 잘 해야 열른 일나쥬.

يَأْتِي الْمَرْضَى الْعَرَبُ إِلَى كُورِيَا لِلْعِلَاجِ.
[야으티 알마르돠 알아랍 일라 쿠리야 릴 **일라**-쥐]

아랍환자들은 치료를 위해 한국으로 와요.

| 그는 온다 | يَأْتِي | 환자들 | الْمَرْضَى |
| 아랍사람들 | الْعَرَبُ | ~을 위하여 | لِـ | 치료를 위해 | لِلْعِلَاجِ |

صَدِيقٌ
[싸디-끄]
친구

친구인줄 알았는데 알고보니 사기꾼이었어요.

كَانَ صَدِيقًا مُخْلِصًا.
[카-나 **싸디**-깐 무클리싼]

그는 성실한 친구였어요.

| 그는 ~였다 | كَانَ | 성실한 | مُخْلِصًا |
| ○187p | | | |

كَرِيمٌ
[카림-]
친절한

그는 아이스크림을 사주는 친절한 아저씨에요.

أَنْتَ كَرِيمٌ وَمُخْلِصٌ.
[안타 **카림** 와 무클리쓰]

당신(남성)은 친절하고 성실해요.

| 너(남성) | أَنْتَ | 그리고 | وَ | 성실한 | مُخْلِصٌ |

칠판 _ 침대

سَبُّورَةٌ
[쌉부-라]
칠판

나와서 칠판에 써봐-라.

تَكْتُبُ الْمُعَلِّمَةُ جُمْلَةً عَلَى السَّبُّورَةِ.
[타크툽 알무알리마 주믈라 알라 앗쌉부-라]

선생님(여성)이 칠판에 문장을 쓰세요.

| 그녀는 쓴다 ○142p | تَكْتُبُ | 선생님 | الْمُعَلِّمَةُ |
| 문장 | جُمْلَةً | ~위에 | عَلَى |

سَرِيرٌ
[싸리-르]
침대

침대가 넘 편해서 잠이 '사르르' 오네.

فِي غُرْفَتِي، سَرِيرٌ وَمَكْتَبٌ وَكُرْسِيٌّ.
[피 구르파티, 싸리-르 와 마크탑 와 쿠르씨]

내 방에는 침대와 책상과 의자가 있어요.

| 내 방에는 | فِي غُرْفَتِي | 그리고 | وَ |
| 책상 | مَكْتَبٌ | 의자 | وَكُرْسِيٌّ |

문화

아랍어 시간 (1시-12시)

시	표현
1	اَلسَّاعَةُ الْوَاحِدَةُ [앗싸-아 알와-히다]
2	اَلسَّاعَةُ الثَّانِيَةُ [앗싸-아 앗싸-니야]
3	اَلسَّاعَةُ الثَّالِثَةُ [앗싸-아 앗쌀-리싸]
4	اَلسَّاعَةُ الرَّابِعَةُ [앗싸-아 앗라-비아]
5	اَلسَّاعَةُ الْخَامِسَةُ [앗싸-아 알카-미싸]
6	اَلسَّاعَةُ السَّادِسَةُ [앗싸-아 앗싸-디싸]
7	اَلسَّاعَةُ السَّابِعَةُ [앗싸-아 앗싸-비아]
8	اَلسَّاعَةُ الثَّامِنَةُ [앗싸-아 앗싸-미나]
9	اَلسَّاعَةُ التَّاسِعَةُ [앗싸-아 앗타-씨아]
10	اَلسَّاعَةُ الْعَاشِرَةُ [앗싸-아 알아-쉬라]
11	اَلسَّاعَةُ الْحَادِيَةُ عَشْرَةَ [앗싸-아 알하-디야 아슈라]
12	اَلسَّاعَةُ الثَّانِيَةُ عَشْرَةَ [앗싸-아 앗싸-니야 아슈라]

카페 _ 코끼리

مَقْهَى
[마끄하]
카페

너 **딱 한**가한가 보네. 카페에 하루종일 있는 걸 보니.

يَدْرُسُ الطُّلَّابُ فِي الْمَقْهَى.
[야드루쓰 앗뚤랍- 필 **마끄하**]

학생들이 카페에서 공부를 해요.

| 그는 공부한다 ○128p | يَدْرُسُ | 학생들 | الطُّلَّابُ | ~에 | فِي |

أَنْف
[안프]
코

코 막힌거 같은데 **안풀**어도 돼?

هَلْ سَمِعْتَ قِصَّةَ صَاحِبِ الْأَنْفِ الطَّوِيلِ "بِينُوكِيُو"؟
[할 싸미으타 낏싸 싸-힙 알**안프** 앗뚜윌 '비누키우']

긴 코의 주인 ≪피노키오≫ 이야기를 들었어요?

| 입니까(의문사) | هَلْ | 당신(남성)은 들었다 ○133p | سَمِعْتَ |
| 이야기, 스토리 | قِصَّةَ | 주인 | صَاحِبِ | 긴 | الطَّوِيلِ |

فِيل
[필-]
코끼리

코끼리 주름은 **필러**로 펴야겠어.

يَلْعَبُ الْفِيلُ الصَّغِيرُ فِي الطِّينِ.
[얄랍 알**필**- 앗쏴기-르 피 앗띤]

아기코끼리가 진흙에서 놀고 있어요.

| 그는 논다 ○144p | يَلْعَبُ | 작은, 어린 | الصَّغِيرُ | 진흙 | الطِّينِ |

카 콩 _ 키가 큰, 긴

فُولٌ [풀-] 콩

반찬이 이게 뭐야? 죄다 콩과 풀 뿐이잖아!

يَحْتَوِي الْفُولُ عَلَى الْبُرُوتِينِ الْكَثِيرِ.
[야흐타위 알 풀- 알라 알브루틴 알카씨-르]

콩은 많은 단백질을 함유하고 있어요.

| 그것은 (~을) 함유한다 | يَحْتَوِي (عَلَى) | 프로틴, 단백질 | الْبُرُوتِينِ |

طُولٌ [뚤-] 키, 길이

그 사람은 키가 커서 천장을 뚫고 나가겠어요.

كَمْ طُولُ مَلْعَبِ كُرَةِ الْقَدَمِ؟
[캄 뚜울 말압 쿠라틸 까담]

축구장 길이는 얼마인가요?

| 얼마(의문사) | كَمْ | 운동장 | مَلْعَبِ |
| 공 | كُرَةِ | 발 | الْقَدَمِ |

طَوِيلٌ [똬윌-] 키가 큰, 긴

키 따위는 중요하지 않아요.

هُوَ طَوِيلٌ وَصَدِيقُهُ أَطْوَلُ مِنْهُ.
[후와 똬윌 와 쏘디-꾸후 아뜨왈 민후]

그는 키가 커요. 그의 친구는 그 보다 더 커요.

| 그는 | هُوَ | 그리고 | وَ |
| 그의 친구 | صَدِيقُهُ | ~보다 더 큰 | أَطْوَلُ مِنْ |

مَقْلِيّ [마끌리] **튀긴**	막끓는 기름에 닭을 넣어 튀겨주세요. هَيَّا نَأْكُلُ الدَّجَاجَ الْمَقْلِيَّ فِي الْمَسَاءِ. [핫야 나으쿨 앗다좌-즈 알**마끌리** 필 마싸-] 우리 저녁에 프라이드 치킨 먹어요.	
	~하자 هَيَّا	우리는 먹는다 نَأْكُلُ ○174p
	닭 الدَّجَاجَ	~에 فِي	저녁 الْمَسَاءِ

خَاصّ [캇-쓰] **특별한**	카사노바는 특별한 남자에요? أُقَدِّمُ لَكُمْ ضَيْفًا خَاصًّا! [우깟딤 라쿰 돠이판 **캇-쌴**] 여러분에게 특별한 손님을 소개합니다!	
	나는 소개한다 أُقَدِّمُ ○153p	여러분에게 لَكُمْ	손님 ضَيْفًا

| 파 | 판매 _ 팔았다 |

بَيْعٌ [바이운] 판매

저 **바이어**의 판매 실적은 어때요?

بَيْعُ الْخَمْرِ مَمْنُوعٌ فِي الدُّوَلِ الْإِسْلَامِيَّةِ.
[바이유 알카므르 맘누-운 피 앗두왈 알이쓸라-미야]

이슬람국가에서 주류판매는 금지에요.

| 주류 | الْخَمْرِ | 금지된 | مَمْنُوعٌ |
| 국가들 | الدُّوَلِ | 이슬람의 | الْإِسْلَامِيَّةِ |

ذِرَاعٌ [디라-운] 팔

그 **드러운** 팔 좀 치워~

لَدَيْكَ ذِرَاعٌ عَضَلِيَّةٌ رَائِعَةٌ.
[라다이카 디라-운 아딸리야 라-이아]

너(남성)에게는 훌륭한 근육질의 팔이 있구나.

| 너(남성)에게는 있다 | لَدَيْكَ | 근육질의 | عَضَلِيَّةٌ | 훌륭한 | رَائِعَةٌ |

Tip 신체 중에서 눈, 귀, 손, 팔, 발, 다리와 같이 쌍으로 된 단어의 성은 여성입니다. 따라서 신체 어휘명사를 수식하는 형용사는 여성형을 의미하는 '타마르부타' ة 를 넣어야 합니다.

بَاعَ [바-아] 팔았다 ●○131p

다 팔아**바-야** 얼마나 남겠어요?

بَاعَ التَّاجِرُ جَمِيعَ الْبَضَائِعِ فِي الْمَحَلِّ.
[바-아 앗타-쥐르 좌미-아 알바다-이이 필 마할]

그 상인은 가게에 모든 물건들을 팔았다.

| 상인 | التَّاجِرُ | 모든 | جَمِيعَ |
| 상품들, 물건들 | الْبَضَائِعِ | 가게 | الْمَحَلِّ |

패배 _ 포도

هَزِيمَةٌ
[하지-마]
패배

패배는 **하지마**.

لَا يَعْرِفُ الْمُنْتَخَبُ الْكُورِيُّ الْهَزِيمَةَ.
[라 야으리프 알문타캅 알쿠-리 알**하지-마**]

한국 대표팀은 패배를 몰라요.

그는 알지 못한다	لَا يَعْرِفُ	대표팀	الْمُنْتَخَبُ	한국의	الْكُورِيُّ
	○○138p				

قَلَمٌ
[깔람]
펜

이 펜들은 무슨 색 **깔람**?

اَلْقَلَمُ أَقْوَى مِنَ السَّيْفِ.
[알**깔람** 아끄와 민 앗싸이프]

펜은 칼보다 강하다.

~보다 더 강하다	أَقْوَى (مِنْ)	칼	السَّيْفُ

رِسَالَةٌ
[리쌀-라]
편지

너 '쌀라쌀라' 편지에 뭐라고 쓸거야?

هَلْ وَصَلَتْ الرِّسَالَةُ الَّتِي أَرْسَلْتُهَا؟
[할 와쌀라트 앗**리쌀-라** 알라티 아르쌀투하]

내가 보낸 편지가 도착했어요?

그것(여성)은 도착했다	وَصَلَتْ	관계대명사(여성)	الَّتِي	내가 그것(여성)을 보냈다	أَرْسَلْتُهَا
	○○181p				

> **Tip** 관계대명사는 남성선행사를 지시하는 الَّذِي, 여성선행사를 지시하는 الَّتِي 가 있으며, 뒤에 오는 문장에는 앞에 나온 선행사가 주어, 목적어, 전치사구 등의 다양한 형태로 다시 나옵니다.

سَلَامٌ
[쌀람-]
평화

옆 **사람**과 평화의 인사를 나눕시다.

اَلسَّلَامُ عَلَيْكُمْ.
[앗**쌀람**- 알라이쿰]

안녕하세요. (평화가 당신에게)

당신들에게	عَلَيْكُمْ

عِنَبٌ
[이납]
포도

포도는 이제 **이납**(enough), 많이 먹었어요.

يُسَمَّى الْعِنَبُ بِفَاكِهَةِ الصَّيْفِ.
[유쌈마 알**이납** 비파-키하 앗싸이프]

포도는 여름 과일이라고 불려요.

그것(남성)은 ~로 불린다	يُسَمَّى (بِ)	과일	فَاكِهَةٌ	여름	الصَّيْفُ

뻔뻔하고 펀(fun)하게 배우는 아랍어 단어357 113

파 _ 피부, 가죽

دَمّ [담므] 피

담담하게 피를 뽑읍시다.

مَا فَصِيلَةُ دَمِكَ؟
[마 파씰라-투 담미카]

당신(남성) 혈액형이 뭐에요?

| 무엇(의문사) | مَا | 종, 종류 | فَصِيلَةُ |

تَعِبٌ [타입] 피곤한

그 사람 어때요? 넘 피곤한 타입이에요.

أَنَا تَعِبٌ جِدًّا. أُرِيدُ رَاحَةً.
[아나 타입 짓단. 우리-두 라-하]

나 너무 피곤해요. 쉬고 싶어요.

| 나는 | أَنَا | 매우 | جِدًّا |
| 나는 원한다 | أُرِيدُ | 휴식, 쉼 | رَاحَةً |

●○191p

جِلْدٌ [쥘드] 피부, 가죽

질도 가격도 훌륭한 가죽 제품입니다.

هَذِهِ الْحَقِيبَةُ مَصْنُوعَةٌ مِنَ الْجِلْدِ.
[하디히 하끼-바 마쓰누-아 미날 쥘드]

이 가방은 가죽으로 만들었어요.

| 이것(여성)은 | هَذِهِ | 가방 | الْحَقِيبَةُ | 만들어진 | مَصْنُوعَةٌ |

주요 아랍 국가 이름과 수도

국가명	아랍어	수도
레바논	لُبْنَانُ [루브난]	베이루트
리비아	لِيبِيَا [리비아]	트리폴리
모로코	اَلْمَغْرِبُ [알마그립]	라바트
바레인	اَلْبَحْرَيْنُ [알바흐라인]	마나마
사우디아라비아	اَلْمَمْلَكَةُ الْعَرَبِيَّةُ السُّعُودِيَّةُ [알마믈라카 알아라비야 앗쑤우디야]	리야드
수단	اَلسُّودَانُ [앗쑤단-]	카르툼
시리아	سُورِيَا [쑤리야]	다마스쿠스
아랍에미리트	اَلْإِمَارَاتُ الْعَرَبِيَّةُ الْمُتَّحِدَةُ [알이마라-트 알아라비야 알뭇타히다]	아부다비
알제리	اَلْجَزَائِرُ [알좌자-이르]	알제
예멘	اَلْيَمَنُ [알야만]	사나
오만	عُمَانُ [우만-]	무스카트
요르단	اَلْأُرْدُنُّ [알우르둔]	암만
이라크	اَلْعِرَاقُ [알이라-끄]	바그다드
이집트	مِصْرُ [미쓰르]	카이로
카타르	قَطَرُ [까따르]	도하
쿠웨이트	اَلْكُوَيْتُ [알쿠와이트]	쿠웨이트시티
팔레스타인	فِلَسْطِينُ [필라스띤-]	라말라(알꾸드쓰)
튀니지	تُونُسُ [투-니쓰]	튀니스

하 학교 _ 할아버지

مَدْرَسَةٌ
[마드라싸]
학교

오늘 학교에서 뭐 들었어?

تَخَرَّجَتْ مُنَى مِنَ الْمَدْرَسَةِ الثَّانَوِيَّةِ لِلْبَنَاتِ.
[타카라좌트 무나 미날 **마드라싸** 앗싸-나위야 릴바나-트]

무나는 여고를 졸업했어요.

| 그녀는 졸업했다 | تَخَرَّجَتْ | 제2의, 고등의 | الثَّانَوِيَّة | 여성(소녀)를 위한 | لِلْبَنَاتِ |

جَدَّةٌ
[좟다]
할머니

할머니가 손주 돌보신 뒤 너무 힘드셔서 바로 **좟다**.

زُرْتُ بَيْتَ جَدَّتِي فِي الْعُطْلَةِ الصَّيْفِيَّةِ.
[주르투 바이트 **좟다**티 필 우뚤라 앗쌰이피야]

나는 여름방학에 할머니댁에 방문했어요.

| 나는 방문했다 ●○184p | زُرْتُ | 집 | بَيْتَ |
| 방학 | الْعُطْلَة | 여름의 | الصَّيْفِيَّة |

جَدٌّ
[좟드]
할아버지

그 할아버지 키가 **작든**?

عُمْرُ جَدِّي 100 سَنَةٍ.
[우무루 **좟디** 미아 싸나]

우리 할아버지 연세는 100세에요.

| 나이 | عُمْر | 해 | سَنَة |

해, 년 _ 혁명

سَنَة
[싸나]
해, 년

트와이스 사나가 올 해의 아이돌로 선정되었대요.

كُنْتُ طَيِّبًا خِلَالَ هَذِهِ السَّنَةِ.
[쿤투 따이반 킬랄-라 하디힛 싸나]

올해 저는 착하게 지냈어요.

| 나는 ~였다 ●○187p | كُنْتُ | 좋은 | طَيِّبًا |
| 동안에 | خِلَالَ | 이, 이것 | هَذِهِ |

سَاحِل
[싸-힐]
해안

그는 이 해안을 사흘 동안 헤맸다.

تَقَعُ الْمَمْلَكَةُ الْعَرَبِيَّةُ السُّعُودِيَّةُ عَلَى سَاحِلِ الْبَحْرِ الْأَحْمَرِ.
[타까우 알마믈라카 알아라비야 앗쑤우-디야 알라 싸-힐 알바흐르 알아흐마르]

사우디아라비아는 홍해 연안에 위치해요.

| 그것(여성)은 위치한다 | تَقَعُ | 사우디아라비아 | الْمَمْلَكَةُ الْعَرَبِيَّةُ السُّعُودِيَّةُ |
| ~에 | عَلَى | 홍해 | الْبَحْرِ الْأَحْمَرِ |

سَعِيد
[싸이-드]
행복한

돈이 많아지니, 행복이 쌓이든?

أَنَا سَعِيدٌ بِلِقَائِكَ.
[아나 싸이-드 비리까-이카]

만나서 반가워요.

| 나는 | أَنَا | 너(남성)의 만남으로 | بِلِقَائِكَ |

ثَوْرَة
[싸우라]
혁명

혁명을 위해 싸우라.

غَيَّرَتْ الثَّوْرَةُ الرَّقْمِيَّةُ حَيَاتَنَا.
[가야라트 앗싸우라 앗라끄미야 하야-타나]

디지털 혁명은 우리 삶을 바꾸었어요.

| 그것(여성)이 바꾸었다 ●○151p | غَيَّرَتْ | 혁명 | الثَّوْرَةُ |
| 디지털의 | الرَّقْمِيَّةُ | 우리의 삶 | حَيَاتَنَا |

하 | 호랑이 _ 황소

نَمِرٌ [니므르] 호랑이

니므르는 절대 호랑이를 이길 수 없어.

شَاهَدْتُ النَّمِرَ فِي حَدِيقَةِ الْحَيَوَانَاتِ.
[샤-핫투 앗니므르 피 하디-까 알하야와나-트]

나는 동물원에서 호랑이를 봤어요.

나는 봤다 ○157p	شَاهَدْتُ	~에서	فِي
공원	حَدِيقَة	동물들	الْحَيَوَانَاتِ

حَمَّامٌ [함맘] 화장실

화장실에서는 모두가 한마음이지.

أُرِيدُ أَنْ أَذْهَبَ إِلَى الْحَمَّامِ.
[우리-두 안 아드합 일랄 함맘]

나 화장실에 가고싶어요.

나는 ~을 하고 싶다 ○191p	أُرِيدُ (أَنْ)	나는 간다 ○130p	أَذْهَبَ	~로	إِلَى

عُمْلَةٌ [우믈라] 화폐, 통화

한국 화폐 말고 다른 나라 화폐는 우~믈라.

مَا هِيَ عُمْلَةُ السُّعُودِيَّةِ؟
[마 히야 우믈라 앗쑤우-디야]

사우디 화폐는 뭐에요?

무엇(의문사)	مَا	그것은(여성)	هِيَ	사우디아라비아	السُّعُودِيَّةِ

تَأْكِيدٌ [타으키-드] 확인, 확신

정말 타이 키드(Thai Kid)가 맞는지 확인해봐.

تَمَّ تَأْكِيدُ الْهُوِيَةِ.
[탐마 타으키-드 알후위야]

신분확인이 되었습니다.

그것(남성)은 되었다	تَمَّ	신분	الْهُوِيَةِ

ثَوْرٌ [싸우르] 황소

황소들끼리 싸우는군.

يُولَدُ أَصْحَابُ بُرْجِ ثَوْرٍ بَيْنَ 20 نِيسَانَ إِلَى 20 أَيَارَ.
[유을라두 아쓰하-브 부르즈 싸우르 바이나 이슈린 니싼- 일라 이슈린 아야-르]

황소자리주인들은 4월 20일과 5월 20일 사이에 태어나요.

그는 태어난다	يُولَدُ	주인들	أَصْحَابُ	타워, 별자리	بُرْجِ
~사이에	بَيْنَ	4월	نِيسَانَ	5월	أَيَارَ

회사 _ 휴가

شَرِكَةٌ [샤리카] 회사

회사를 **살릴까** 말까?

حَصَلَ مَحْمُودٌ عَلَى وَظِيفَةٍ فِي شَرِكَةٍ كُورِيَّةٍ.
[하쌀라 마흐무-드 알라 와디-파 피 **샤리카** 쿠리야]

마흐무드는 한국 회사에 취업했어요.

| 그는 (~을)얻었다 ○○124p | حَصَلَ عَلَى | 직책, 일자리 | وَظِيفَةٍ |
| 회사 | شَرِكَةٍ | 한국의 | كُورِيَّةٍ |

مُحَادَثَةٌ [무하-다싸] 회의

회의하다 말고 **뭐하다왔어**?

عَقَدَتْ مُحَادَثَةُ السَّلَامِ فِي سِيُول.
[우끼다트 **무하-다싸** 앗쌀람- 피 씨울]

서울에서 평화회담이 개최되었어요.

| 그것(여성)은 개최되었다 | عَقَدَتْ | 평화 | السَّلَامِ | 서울 | سِيُول |

مُمْتَازٌ [뭄타-즈] 훌륭한

훌륭한 **몽타쥬** 덕분에 범인을 잡을 수 있었다.

فِكْرَتُكَ مُمْتَازَةٌ جِدًّا!
[피크라투카 **뭄타-자** 찟단]

당신(남성)의 아이디어는 정말 훌륭해요.

| 당신(남성)의 생각, 아이디어 | فِكْرَتُكَ | 매우, 정말 | جِدًّا |

إِجَازَةٌ [이좌-자] 휴가

휴가니까 이제 좀 **자자**.

سَأَزُورُ مِصْرَ خِلَالَ الْإِجَازَةِ الصَّيْفِيَّةِ.
[싸아주-르 미쓰르 킬랄-라 알**이좌-자** 앗싸이피야]

나는 여름 휴가동안 이집트를 방문할거에요.

| 나는 방문할 것이다 ○○184p | سَأَزُورُ | 이집트 | مِصْرَ |
| 동안 | خِلَالَ | 여름의 | الصَّيْفِيَّةِ |

 흡연 _ 힘

تَدْخِين
[타드킨-]
흡연

아무리 숨어서 흡연을 해도 **다들킨**다니까!

مَمْنُوعٌ التَّدْخِينُ هُنَا.
[맘누-우 앗**타드킨** 후나]

이곳에선 금연입니다.

| 금지, 금지된 | مَمْنُوعٌ | 여기, 이곳 | هُنَا |

Tip 유용한 금지표현 | مَمْنُوعُ التَّصْوِيرِ [맘누운 앗타쓰위-르] : 촬영금지, مَمْنُوعُ الدُّخُولِ [맘누운 앗두쿨-] : 출입금지, مَمْنُوعُ السِّبَاحَةِ [맘누운 앗씨바-하] : 수영금지, مَمْنُوعُ الْوُقُوفِ [맘누운 알우꾸-프] : 주차금지

قُوَّة
[꾸와]
힘

꼬우면 힘을 길러요.

تَتَزَايَدُ قُوَّةُ النِّسَاءِ فِي الْمُجْتَمَعِ الْكُورِيِّ.
[타타자-야드 **꾸와** 앗니싸- 필 무주타마이 알쿠리]

한국 사회에서 여성들의 힘은 커지고 있어요.

| 그것(여성)은 증가한다 | تَتَزَايَدُ | 여성들 | النِّسَاءِ |
| 사회 | الْمُجْتَمَعِ | 한국의 | الْكُورِيِّ |

부 록

동사변화표에서 명령형, 능동분사, 수동분사, 동명사 중 빈 칸은
주로 사용하지 않는 단어이므로 생략하였습니다.

동사변화

بَحَثَ 찾다

		완료형	미완료형				
			직설법	접속법	단축법	명령형	
3인칭	남성 단수	بَحَثَ	يَبْحَثُ	يَبْحَثَ	يَبْحَثْ		
	여성 단수	بَحَثَتْ	تَبْحَثُ	تَبْحَثَ	تَبْحَثْ		
	남성 복수	بَحَثُوا	يَبْحَثُونَ	يَبْحَثُوا	يَبْحَثُوا		
	여성 복수	بَحَثْنَ	يَبْحَثْنَ	يَبْحَثْنَ	يَبْحَثْنَ		
2인칭	남성 단수	بَحَثْتَ	تَبْحَثُ	تَبْحَثَ	تَبْحَثْ	اِبْحَثْ	
	여성 단수	بَحَثْتِ	تَبْحَثِينَ	تَبْحَثِي	تَبْحَثِي	اِبْحَثِي	
	남성 복수	بَحَثْتُمْ	تَبْحَثُونَ	تَبْحَثُوا	تَبْحَثُوا	اِبْحَثُوا	
	여성 복수	بَحَثْتُنَّ	تَبْحَثْنَ	تَبْحَثْنَ	تَبْحَثْنَ	اِبْحَثْنَ	
1인칭	남녀 단수	بَحَثْتُ	أَبْحَثُ	أَبْحَثَ	أَبْحَثْ		
	남녀 복수	بَحَثْنَا	نَبْحَثُ	نَبْحَثَ	نَبْحَثْ		

능동분사	수동분사	동명사
بَاحِثٌ	مَبْحُوثٌ	بَحْثٌ

[ex]

تَبْحَثُ الشُّرْطَةُ عَنِ اللِّصِ.

[타브하쓰 앗슈르따 안닐 리쓰]

경찰이 도둑을 찾고 있어요.

[사전 속 예문]
42p, 63p

جَعَلَ 만들다

		완료형	미완료형			
			직설법	접속법	단축법	명령형
3인칭	남성 단수	جَعَلَ	يَجْعَلُ	يَجْعَلَ	يَجْعَلْ	
	여성 단수	جَعَلَتْ	تَجْعَلُ	تَجْعَلَ	تَجْعَلْ	
	남성 복수	جَعَلُوا	يَجْعَلُونَ	يَجْعَلُوا	يَجْعَلُوا	
	여성 복수	جَعَلْنَ	يَجْعَلْنَ	يَجْعَلْنَ	يَجْعَلْنَ	
2인칭	남성 단수	جَعَلْتَ	تَجْعَلُ	تَجْعَلَ	تَجْعَلْ	اِجْعَلْ
	여성 단수	جَعَلْتِ	تَجْعَلِينَ	تَجْعَلِي	تَجْعَلِي	اِجْعَلِي
	남성 복수	جَعَلْتُمْ	تَجْعَلُونَ	تَجْعَلُوا	تَجْعَلُوا	اِجْعَلُوا
	여성 복수	جَعَلْتُنَّ	تَجْعَلْنَ	تَجْعَلْنَ	تَجْعَلْنَ	اِجْعَلْنَ
1인칭	남녀 단수	جَعَلْتُ	أَجْعَلُ	أَجْعَلَ	أَجْعَلْ	
	남녀 복수	جَعَلْنَا	نَجْعَلُ	نَجْعَلَ	نَجْعَلْ	
능동분사			수동분사		동명사	
					جَعْلٌ	

[ex]

جَعَلَتْنِي الْأَكَلَاتُ السُّكَّرِيَةُ سَمِينًا.

[좌알라트니 알아클라-트 앗쑤카리야 싸미-난]

단 음식들이 날 뚱뚱하게 만들었어요.

[사전 속 예문]
44p

حَصَلَ 얻다

		완료형	미완료형			
			직설법	접속법	단축법	명령형
3인칭	남성 단수	حَصَلَ	يَحْصُلُ	يَحْصُلَ	يَحْصُلْ	
	여성 단수	حَصَلَتْ	تَحْصُلُ	تَحْصُلَ	تَحْصُلْ	
	남성 복수	حَصَلُوا	يَحْصُلُونَ	يَحْصُلُوا	يَحْصُلُوا	
	여성 복수	حَصَلْنَ	يَحْصُلْنَ	يَحْصُلْنَ	يَحْصُلْنَ	
2인칭	남성 단수	حَصَلْتَ	تَحْصُلُ	تَحْصُلَ	تَحْصُلْ	أُحْصُلْ
	여성 단수	حَصَلْتِ	تَحْصُلِينَ	تَحْصُلِي	تَحْصُلِي	أُحْصُلِي
	남성 복수	حَصَلْتُمْ	تَحْصُلُونَ	تَحْصُلُوا	تَحْصُلُوا	أُحْصُلُوا
	여성 복수	حَصَلْتُنَّ	تَحْصُلْنَ	تَحْصُلْنَ	تَحْصُلْنَ	أُحْصُلْنَ
1인칭	남녀 단수	حَصَلْتُ	أَحْصُلُ	أَحْصُلَ	أَحْصُلْ	
	남녀 복수	حَصَلْنَا	نَحْصُلُ	نَحْصُلَ	نَحْصُلْ	

능동분사	수동분사	동명사
حَاصِلٌ	مَحْصُولٌ	حُصُولٌ

[ex]

يَحْصُلُ الْأَدَبُ الْكُورِيُّ عَلَى مَحَبَّةٍ فِي الْبُلْدَانِ الْأَجْنَبِيَّةِ.

[야흐쑬 알아답 알쿠리 알라 마합바 필 불단- 알아주나비야]

한국 문학이 외국에서 사랑받고 있어요.

[사전 속 예문]
51p, 55p, 63p, 119p

حَمَلَ 나르다

		완료형	미완료형			
			직설법	접속법	단축법	명령형
3인칭	남성 단수	حَمَلَ	يَحْمِلُ	يَحْمِلَ	يَحْمِلْ	
	여성 단수	حَمَلَتْ	تَحْمِلُ	تَحْمِلَ	تَحْمِلْ	
	남성 복수	حَمَلُوا	يَحْمِلُونَ	يَحْمِلُوا	يَحْمِلُوا	
	여성 복수	حَمَلْنَ	يَحْمِلْنَ	يَحْمِلْنَ	يَحْمِلْنَ	
2인칭	남성 단수	حَمَلْتَ	تَحْمِلُ	تَحْمِلَ	تَحْمِلْ	اَحْمِلْ
	여성 단수	حَمَلْتِ	تَحْمِلِينَ	تَحْمِلِي	تَحْمِلِي	اَحْمِلِي
	남성 복수	حَمَلْتُمْ	تَحْمِلُونَ	تَحْمِلُوا	تَحْمِلُوا	اَحْمِلُوا
	여성 복수	حَمَلْتُنَّ	تَحْمِلْنَ	تَحْمِلْنَ	تَحْمِلْنَ	اَحْمِلْنَ
1인칭	남녀 단수	حَمَلْتُ	اَحْمِلُ	اَحْمِلَ	اَحْمِلْ	
	남녀 복수	حَمَلْنَا	نَحْمِلُ	نَحْمِلَ	نَحْمِلْ	

능동분사	수동분사	동명사
حَامِلٌ	مَحْمُولٌ	حَمْلٌ

[ex]
تَحْمِلُ حَقِيبَةً ثَقِيلَةً.
[타흐밀 하끼-바 싸낄-라]
그녀는 무거운 가방을 들고 있어요.

[사전 속 예문]
49p

나가다 خَرَجَ

		완료형	미완료형			
			직설법	접속법	단축법	명령형
3인칭	남성 단수	خَرَجَ	يَخْرُجُ	يَخْرُجَ	يَخْرُجْ	
	여성 단수	خَرَجَتْ	تَخْرُجُ	تَخْرُجَ	تَخْرُجْ	
	남성 복수	خَرَجُوا	يَخْرُجُونَ	يَخْرُجُوا	يَخْرُجُوا	
	여성 복수	خَرَجْنَ	يَخْرُجْنَ	يَخْرُجْنَ	يَخْرُجْنَ	
2인칭	남성 단수	خَرَجْتَ	تَخْرُجُ	تَخْرُجَ	تَخْرُجْ	أُخْرُجْ
	여성 단수	خَرَجْتِ	تَخْرُجِينَ	تَخْرُجِي	تَخْرُجِي	أُخْرُجِي
	남성 복수	خَرَجْتُمْ	تَخْرُجُونَ	تَخْرُجُوا	تَخْرُجُوا	أُخْرُجُوا
	여성 복수	خَرَجْتُنَّ	تَخْرُجْنَ	تَخْرُجْنَ	تَخْرُجْنَ	أُخْرُجْنَ
1인칭	남녀 단수	خَرَجْتُ	أَخْرُجُ	أَخْرُجَ	أَخْرُجْ	
	남녀 복수	خَرَجْنَا	نَخْرُجُ	نَخْرُجَ	نَخْرُجْ	

능동분사	수동분사	동명사
خَارِجٌ	مَخْرُوجٌ	خُرُوجٌ

[ex]

لَمْ أَخْرُجْ مِنَ الْمَنْزِلِ الْيَوْمَ بِسَبَبِ الزُّكَامِ.

[람 아크루즈 미날 만질 알야움 비싸바빗 주캄]

감기 때문에 오늘 집에서 외출하지 않았어요.

[사전 속 예문]
19p

دَخَلَ 들어가다

		완료형	미완료형			
			직설법	접속법	단축법	명령형
3인칭	남성 단수	دَخَلَ	يَدْخُلُ	يَدْخُلَ	يَدْخُلْ	
	여성 단수	دَخَلَتْ	تَدْخُلُ	تَدْخُلَ	تَدْخُلْ	
	남성 복수	دَخَلُوا	يَدْخُلُونَ	يَدْخُلُوا	يَدْخُلُوا	
	여성 복수	دَخَلْنَ	يَدْخُلْنَ	يَدْخُلْنَ	يَدْخُلْنَ	
2인칭	남성 단수	دَخَلْتَ	تَدْخُلُ	تَدْخُلَ	تَدْخُلْ	أُدْخُلْ
	여성 단수	دَخَلْتِ	تَدْخُلِينَ	تَدْخُلِي	تَدْخُلِي	أُدْخُلِي
	남성 복수	دَخَلْتُمْ	تَدْخُلُونَ	تَدْخُلُوا	تَدْخُلُوا	أُدْخُلُوا
	여성 복수	دَخَلْتُنَّ	تَدْخُلْنَ	تَدْخُلْنَ	تَدْخُلْنَ	أُدْخُلْنَ
1인칭	남녀 단수	دَخَلْتُ	أَدْخُلُ	أَدْخُلَ	أَدْخُلْ	
	남녀 복수	دَخَلْنَا	نَدْخُلُ	نَدْخُلَ	نَدْخُلْ	

능동분사	수동분사	동명사
دَاخِلٌ	مَدْخُولٌ	دُخُولٌ

[ex]

دَخَلَ الْمَاءُ فِي أُذُنِي.

[다칼라 알마- 피 우드니]

(내) 귀에 물이 들어갔어요.

[사전 속 예문]
25p

دَرَسَ 공부하다

		완료형	미완료형			명령형
			직설법	접속법	단축법	
3인칭	남성 단수	دَرَسَ	يَدْرُسُ	يَدْرُسَ	يَدْرُسْ	
	여성 단수	دَرَسَتْ	تَدْرُسُ	تَدْرُسَ	تَدْرُسْ	
	남성 복수	دَرَسُوا	يَدْرُسُونَ	يَدْرُسُوا	يَدْرُسُوا	
	여성 복수	دَرَسْنَ	يَدْرُسْنَ	يَدْرُسْنَ	يَدْرُسْنَ	
2인칭	남성 단수	دَرَسْتَ	تَدْرُسُ	تَدْرُسَ	تَدْرُسْ	أُدْرُسْ
	여성 단수	دَرَسْتِ	تَدْرُسِينَ	تَدْرُسِي	تَدْرُسِي	أُدْرُسِي
	남성 복수	دَرَسْتُمْ	تَدْرُسُونَ	تَدْرُسُوا	تَدْرُسُوا	أُدْرُسُوا
	여성 복수	دَرَسْتُنَّ	تَدْرُسْنَ	تَدْرُسْنَ	تَدْرُسْنَ	أُدْرُسْنَ
1인칭	남녀 단수	دَرَسْتُ	أَدْرُسُ	أَدْرُسَ	أَدْرُسْ	
	남녀 복수	دَرَسْنَا	نَدْرُسُ	نَدْرُسَ	نَدْرُسْ	

능동분사	수동분사	동명사
دَارِسٌ	مَدْرُوسٌ	دَرْسٌ، دِرَاسَةٌ

[ex]

أَدْرُسُ فِي الْجَامِعَةِ الْوَطَنِيَّةِ.

[아드루쑤 필 좌-미아 알와따니야]

전 국립대학교에서 공부해요.

[사전 속 예문]
25p, 26p, 50p, 95p, 109p

دَفَعَ 지불하다

		완료형	미완료형				
			직설법	접속법	단축법	명령형	
3인칭	남성 단수	دَفَعَ	يَدْفَعُ	يَدْفَعَ	يَدْفَعْ		
	여성 단수	دَفَعَتْ	تَدْفَعُ	تَدْفَعَ	تَدْفَعْ		
	남성 복수	دَفَعُوا	يَدْفَعُونَ	يَدْفَعُوا	يَدْفَعُوا		
	여성 복수	دَفَعْنَ	يَدْفَعْنَ	يَدْفَعْنَ	يَدْفَعْنَ		
2인칭	남성 단수	دَفَعْتَ	تَدْفَعُ	تَدْفَعَ	تَدْفَعْ	اِدْفَعْ	
	여성 단수	دَفَعْتِ	تَدْفَعِينَ	تَدْفَعِي	تَدْفَعِي	اِدْفَعِي	
	남성 복수	دَفَعْتُمْ	تَدْفَعُونَ	تَدْفَعُوا	تَدْفَعُوا	اِدْفَعُوا	
	여성 복수	دَفَعْتُنَّ	تَدْفَعْنَ	تَدْفَعْنَ	تَدْفَعْنَ	اِدْفَعْنَ	
1인칭	남녀 단수	دَفَعْتُ	أَدْفَعُ	أَدْفَعَ	أَدْفَعْ		
	남녀 복수	دَفَعْنَا	نَدْفَعُ	نَدْفَعَ	نَدْفَعْ		

능동분사	수동분사	동명사
دَافِعٌ	مَدْفُوعٌ	دَفْعٌ

[ex]
دَفَعَ الْمَبْلَغَ الْكَبِيرَ لِشِرَاءِ الْبِنَاءِ.
[다파아 알마블라그 알카비-르 리쉬라-이 알비나]
그는 그 건물을 사기위해 큰 돈을 지불했어요.

[사전 속 예문]
28p

ذَهَبَ 가다

		완료형	미완료형			
			직설법	접속법	단축법	명령형
3인칭	남성 단수	ذَهَبَ	يَذْهَبُ	يَذْهَبَ	يَذْهَبْ	
	여성 단수	ذَهَبَتْ	تَذْهَبُ	تَذْهَبَ	تَذْهَبْ	
	남성 복수	ذَهَبُوا	يَذْهَبُونَ	يَذْهَبُوا	يَذْهَبُوا	
	여성 복수	ذَهَبْنَ	يَذْهَبْنَ	يَذْهَبْنَ	يَذْهَبْنَ	
2인칭	남성 단수	ذَهَبْتَ	تَذْهَبُ	تَذْهَبَ	تَذْهَبْ	اِذْهَبْ
	여성 단수	ذَهَبْتِ	تَذْهَبِينَ	تَذْهَبِي	تَذْهَبِي	اِذْهَبِي
	남성 복수	ذَهَبْتُمْ	تَذْهَبُونَ	تَذْهَبُوا	تَذْهَبُوا	اِذْهَبُوا
	여성 복수	ذَهَبْتُنَّ	تَذْهَبْنَ	تَذْهَبْنَ	تَذْهَبْنَ	اِذْهَبْنَ
1인칭	남녀 단수	ذَهَبْتُ	أَذْهَبُ	أَذْهَبَ	أَذْهَبْ	
	남녀 복수	ذَهَبْنَا	نَذْهَبُ	نَذْهَبَ	نَذْهَبْ	

능동분사	수동분사	동명사
ذَاهِبٌ		ذَهَابٌ

[ex]

أَذْهَبُ إِلَى بَيْتِي.

[아드합 일라 바이티]

나 집에 가요.

[사전 속 예문]
16p, 17p, 24p, 62p, 73p, 82p, 118p

رَكِبَ 타다

		완료형	미완료형			
			직설법	접속법	단축법	명령형
3인칭	남성 단수	رَكِبَ	يَرْكَبُ	يَرْكَبَ	يَرْكَبْ	
	여성 단수	رَكِبَتْ	تَرْكَبُ	تَرْكَبَ	تَرْكَبْ	
	남성 복수	رَكِبُوا	يَرْكَبُونَ	يَرْكَبُوا	يَرْكَبُوا	
	여성 복수	رَكِبْنَ	يَرْكَبْنَ	يَرْكَبْنَ	يَرْكَبْنَ	
2인칭	남성 단수	رَكِبْتَ	تَرْكَبُ	تَرْكَبَ	تَرْكَبْ	اِرْكَبْ
	여성 단수	رَكِبْتِ	تَرْكَبِينَ	تَرْكَبِي	تَرْكَبِي	اِرْكَبِي
	남성 복수	رَكِبْتُمْ	تَرْكَبُونَ	تَرْكَبُوا	تَرْكَبُوا	اِرْكَبُوا
	여성 복수	رَكِبْتُنَّ	تَرْكَبْنَ	تَرْكَبْنَ	تَرْكَبْنَ	اِرْكَبْنَ
1인칭	남녀 단수	رَكِبْتُ	أَرْكَبُ	أَرْكَبَ	أَرْكَبْ	
	남녀 복수	رَكِبْنَا	نَرْكَبُ	نَرْكَبَ	نَرْكَبْ	

능동분사	수동분사	동명사
رَاكِبٌ		رُكُوبٌ

[ex]
رَكِبَتْ الْبِنْتُ دَرَّاجَةً فِي الْحَدِيقَةِ.
[라키바트 알빈트 다라-좌 필 하디-까]
그 소녀는 공원에서 자전거를 탔어요.

[사전 속 예문]
68p, 84p

سَكَنَ 살다

		완료형	미완료형				명령형
			직설법	접속법	단축법		
3인칭	남성 단수	سَكَنَ	يَسْكُنُ	يَسْكُنَ	يَسْكُنْ		
	여성 단수	سَكَنَتْ	تَسْكُنُ	تَسْكُنَ	تَسْكُنْ		
	남성 복수	سَكَنُوا	يَسْكُنُونَ	يَسْكُنُوا	يَسْكُنُوا		
	여성 복수	سَكَنَّ	يَسْكُنَّ	يَسْكُنَّ	يَسْكُنَّ		
2인칭	남성 단수	سَكَنْتَ	تَسْكُنُ	تَسْكُنَ	تَسْكُنْ	أُسْكُنْ	
	여성 단수	سَكَنْتِ	تَسْكُنِينَ	تَسْكُنِي	تَسْكُنِي	أُسْكُنِي	
	남성 복수	سَكَنْتُمْ	تَسْكُنُونَ	تَسْكُنُوا	تَسْكُنُوا	أُسْكُنُوا	
	여성 복수	سَكَنْتُنَّ	تَسْكُنَّ	تَسْكُنَّ	تَسْكُنَّ	أُسْكُنَّ	
1인칭	남녀 단수	سَكَنْتُ	أَسْكُنُ	أَسْكُنَ	أَسْكُنْ		
	남녀 복수	سَكَنَّا	نَسْكُنُ	نَسْكُنَ	نَسْكُنْ		

능동분사	수동분사	동명사
سَاكِنٌ		سَكَنٌ

[ex]

يَسْكُنُ وَلَدٌ صَغِيرٌ فِي هَذَا الْمَنْزِلِ.

[야쓰쿤 왈라드 쏴기-르 피 하다 알만질]

어린 소년이 이 집에 살아요.

[사전 속 예문]
92p

سَمِعَ 듣다

		완료형	미완료형				명령형
			직설법	접속법	단축법		
3인칭	남성 단수	سَمِعَ	يَسْمَعُ	يَسْمَعَ	يَسْمَعْ		
	여성 단수	سَمِعَتْ	تَسْمَعُ	تَسْمَعَ	تَسْمَعْ		
	남성 복수	سَمِعُوا	يَسْمَعُونَ	يَسْمَعُوا	يَسْمَعُوا		
	여성 복수	سَمِعْنَ	يَسْمَعْنَ	يَسْمَعْنَ	يَسْمَعْنَ		
2인칭	남성 단수	سَمِعْتَ	تَسْمَعُ	تَسْمَعَ	تَسْمَعْ	اِسْمَعْ	
	여성 단수	سَمِعْتِ	تَسْمَعِينَ	تَسْمَعِي	تَسْمَعِي	اِسْمَعِي	
	남성 복수	سَمِعْتُمْ	تَسْمَعُونَ	تَسْمَعُوا	تَسْمَعُوا	اِسْمَعُوا	
	여성 복수	سَمِعْتُنَّ	تَسْمَعْنَ	تَسْمَعْنَ	تَسْمَعْنَ	اِسْمَعْنَ	
1인칭	남녀 단수	سَمِعْتُ	أَسْمَعُ	أَسْمَعَ	أَسْمَعْ		
	남녀 복수	سَمِعْنَا	نَسْمَعُ	نَسْمَعَ	نَسْمَعْ		

능동분사	수동분사	동명사
سَامِعٌ	مَسْمُوعٌ	سَمَاعٌ

[ex]
هَلْ سَمِعْتَ قِصَّةَ صَاحِبِ الْأَنْفِ الطَّوِيلِ "بينوكيو"؟
[할 싸미으타 낏싸 싸-힙 알안프 앗따윌 '비누키우']
긴 코의 주인 ≪피노키오≫ 이야기를 들었어요?

[사전 속 예문]
109p

شَرِبَ 마시다

		완료형	미완료형			
			직설법	접속법	단축법	명령형
3인칭	남성 단수	شَرِبَ	يَشْرَبُ	يَشْرَبَ	يَشْرَبْ	
	여성 단수	شَرِبَتْ	تَشْرَبُ	تَشْرَبَ	تَشْرَبْ	
	남성 복수	شَرِبُوا	يَشْرَبُونَ	يَشْرَبُوا	يَشْرَبُوا	
	여성 복수	شَرِبْنَ	يَشْرَبْنَ	يَشْرَبْنَ	يَشْرَبْنَ	
2인칭	남성 단수	شَرِبْتَ	تَشْرَبُ	تَشْرَبَ	تَشْرَبْ	اِشْرَبْ
	여성 단수	شَرِبْتِ	تَشْرَبِينَ	تَشْرَبِي	تَشْرَبِي	اِشْرَبِي
	남성 복수	شَرِبْتُمْ	تَشْرَبُونَ	تَشْرَبُوا	تَشْرَبُوا	اِشْرَبُوا
	여성 복수	شَرِبْتُنَّ	تَشْرَبْنَ	تَشْرَبْنَ	تَشْرَبْنَ	اِشْرَبْنَ
1인칭	남녀 단수	شَرِبْتُ	أَشْرَبُ	أَشْرَبَ	أَشْرَبْ	
	남녀 복수	شَرِبْنَا	نَشْرَبُ	نَشْرَبَ	نَشْرَبْ	

능동분사	수동분사	동명사
شَارِبٌ	مَشْرُوبٌ	شُرْبٌ

[ex]

سَأَشْرَبُ الشَّايَ الْأَخْضَرَ.

[싸아슈랍 앗샤-이 알아크돠르]

저는 녹차를 마실래요.

[사전 속 예문]
35p, 40p, 59p, 98p

شَعَرَ 느끼다

		완료형	미완료형			명령형
			직설법	접속법	단축법	
3인칭	남성 단수	شَعَرَ	يَشْعُرُ	يَشْعُرَ	يَشْعُرْ	
	여성 단수	شَعَرَتْ	تَشْعُرُ	تَشْعُرَ	تَشْعُرْ	
	남성 복수	شَعَرُوا	يَشْعُرُونَ	يَشْعُرُوا	يَشْعُرُوا	
	여성 복수	شَعَرْنَ	يَشْعُرْنَ	يَشْعُرْنَ	يَشْعُرْنَ	
2인칭	남성 단수	شَعَرْتَ	تَشْعُرُ	تَشْعُرَ	تَشْعُرْ	أُشْعُرْ
	여성 단수	شَعَرْتِ	تَشْعُرِينَ	تَشْعُرِي	تَشْعُرِي	أُشْعُرِي
	남성 복수	شَعَرْتُمْ	تَشْعُرُونَ	تَشْعُرُوا	تَشْعُرُوا	أُشْعُرُوا
	여성 복수	شَعَرْتُنَّ	تَشْعُرْنَ	تَشْعُرْنَ	تَشْعُرْنَ	أُشْعُرْنَ
1인칭	남녀 단수	شَعَرْتُ	أَشْعُرُ	أَشْعُرَ	أَشْعُرْ	
	남녀 복수	شَعَرْنَا	نَشْعُرُ	نَشْعُرَ	نَشْعُرْ	

능동분사	수동분사	동명사
		شُعُورٌ

[ex]
أَشْعُرُ بِأَلَمٍ فِي بَطْنِي.
[아슈우르 비알람 피 바뜨니]
나 배가 아파요.

[사전 속 예문]
23p, 71p

شَمِلَ 포함하다

		완료형	미완료형			
			직설법	접속법	단축법	명령형
3인칭	남성 단수	شَمِلَ	يَشْمَلُ	يَشْمَلَ	يَشْمَلْ	
	여성 단수	شَمِلَتْ	تَشْمَلُ	تَشْمَلَ	تَشْمَلْ	
	남성 복수	شَمِلُوا	يَشْمَلُونَ	يَشْمَلُوا	يَشْمَلُوا	
	여성 복수	شَمِلْنَ	يَشْمَلْنَ	يَشْمَلْنَ	يَشْمَلْنَ	
2인칭	남성 단수	شَمِلْتَ	تَشْمَلُ	تَشْمَلَ	تَشْمَلْ	اِشْمَلْ
	여성 단수	شَمِلْتِ	تَشْمَلِينَ	تَشْمَلِي	تَشْمَلِي	اِشْمَلِي
	남성 복수	شَمِلْتُمْ	تَشْمَلُونَ	تَشْمَلُوا	تَشْمَلُوا	اِشْمَلُوا
	여성 복수	شَمِلْتُنَّ	تَشْمَلْنَ	تَشْمَلْنَ	تَشْمَلْنَ	اِشْمَلْنَ
1인칭	남녀 단수	شَمِلْتُ	أَشْمَلُ	أَشْمَلَ	أَشْمَلْ	
	남녀 복수	شَمِلْنَا	نَشْمَلُ	نَشْمَلَ	نَشْمَلْ	

능동분사	수동분사	동명사
شَامِلٌ	مَشْمُولٌ	شَمْلٌ

[ex]

يَشْمَلُ الْبُرْتُقَالُ فَيْتَامِينَ سِي.

[야슈말 알부르투깔- 바이타-민 씨]

오렌지에는 비타민 C가 들어있어요.

[사전 속 예문]
84p

요구하다 طَلَبَ

		완료형	미완료형			
			직설법	접속법	단축법	명령형
3인칭	남성 단수	طَلَبَ	يَطْلُبُ	يَطْلُبَ	يَطْلُبْ	
	여성 단수	طَلَبَتْ	تَطْلُبُ	تَطْلُبَ	تَطْلُبْ	
	남성 복수	طَلَبُوا	يَطْلُبُونَ	يَطْلُبُوا	يَطْلُبُوا	
	여성 복수	طَلَبْنَ	يَطْلُبْنَ	يَطْلُبْنَ	يَطْلُبْنَ	
2인칭	남성 단수	طَلَبْتَ	تَطْلُبُ	تَطْلُبَ	تَطْلُبْ	أُطْلُبْ
	여성 단수	طَلَبْتِ	تَطْلُبِينَ	تَطْلُبِي	تَطْلُبِي	أُطْلُبِي
	남성 복수	طَلَبْتُمْ	تَطْلُبُونَ	تَطْلُبُوا	تَطْلُبُوا	أُطْلُبُوا
	여성 복수	طَلَبْتُنَّ	تَطْلُبْنَ	تَطْلُبْنَ	تَطْلُبْنَ	أُطْلُبْنَ
1인칭	남녀 단수	طَلَبْتُ	أَطْلُبُ	أَطْلُبَ	أَطْلُبْ	
	남녀 복수	طَلَبْنَا	نَطْلُبُ	نَطْلُبَ	نَطْلُبْ	

능동분사	수동분사	동명사
طَالِبٌ	مَطْلُوبٌ	طَلَبٌ

[ex]

طَلَبْتُ الْبَيْضَ الْمَقْلِيَّ.

[딸랍투 알바이드 알마끌리]

난 계란프라이를 주문했어요.

[사전 속 예문]
22p

عَرَفَ 알다

		완료형	미완료형			명령형
			직설법	접속법	단축법	
3인칭	남성 단수	عَرَفَ	يَعْرِفُ	يَعْرِفَ	يَعْرِفْ	
	여성 단수	عَرَفَتْ	تَعْرِفُ	تَعْرِفَ	تَعْرِفْ	
	남성 복수	عَرَفُوا	يَعْرِفُونَ	يَعْرِفُوا	يَعْرِفُوا	
	여성 복수	عَرَفْنَ	يَعْرِفْنَ	يَعْرِفْنَ	يَعْرِفْنَ	
2인칭	남성 단수	عَرَفْتَ	تَعْرِفُ	تَعْرِفَ	تَعْرِفْ	اَعْرِفْ
	여성 단수	عَرَفْتِ	تَعْرِفِينَ	تَعْرِفِي	تَعْرِفِي	اَعْرِفِي
	남성 복수	عَرَفْتُمْ	تَعْرِفُونَ	تَعْرِفُوا	تَعْرِفُوا	اَعْرِفُوا
	여성 복수	عَرَفْتُنَّ	تَعْرِفْنَ	تَعْرِفْنَ	تَعْرِفْنَ	اَعْرِفْنَ
1인칭	남녀 단수	عَرَفْتُ	أَعْرِفُ	أَعْرِفَ	أَعْرِفْ	
	남녀 복수	عَرَفْنَا	نَعْرِفُ	نَعْرِفَ	نَعْرِفْ	

능동분사	수동분사	동명사
عَارِفٌ	مَعْرُوفٌ	مَعْرِفَةٌ

[ex]

هَلْ تَعْرِفُ أَيْنَ نَظَّارَتِي؟

[할 타으립 아이나 낫돠-라티]

내 안경 어디있는 지 알아요?

[사전 속 예문]
78p, 83p, 113p

일하다 عَمِلَ

		완료형	미완료형				
			직설법	접속법	단축법	명령형	
3인칭	남성 단수	عَمِلَ	يَعْمَلُ	يَعْمَلَ	يَعْمَلْ		
	여성 단수	عَمِلَتْ	تَعْمَلُ	تَعْمَلَ	تَعْمَلْ		
	남성 복수	عَمِلُوا	يَعْمَلُونَ	يَعْمَلُوا	يَعْمَلُوا		
	여성 복수	عَمِلْنَ	يَعْمَلْنَ	يَعْمَلْنَ	يَعْمَلْنَ		
2인칭	남성 단수	عَمِلْتَ	تَعْمَلُ	تَعْمَلَ	تَعْمَلْ	اِعْمَلْ	
	여성 단수	عَمِلْتِ	تَعْمَلِينَ	تَعْمَلِي	تَعْمَلِي	اِعْمَلِي	
	남성 복수	عَمِلْتُمْ	تَعْمَلُونَ	تَعْمَلُوا	تَعْمَلُوا	اِعْمَلُوا	
	여성 복수	عَمِلْتُنَّ	تَعْمَلْنَ	تَعْمَلْنَ	تَعْمَلْنَ	اِعْمَلْنَ	
1인칭	남녀 단수	عَمِلْتُ	أَعْمَلُ	أَعْمَلَ	أَعْمَلْ		
	남녀 복수	عَمِلْنَا	نَعْمَلُ	نَعْمَلَ	نَعْمَلْ		

능동분사	수동분사	동명사
عَامِلٌ	مَعْمُولٌ	عَمَلٌ

[ex]
يَعْمَلُ الْمُهَنْدِسُ فِي الشَّرِكَةِ الْكَهْرَبَائِيَّةِ.
[야으말루 알무한디쓰 핏 샤리카 알카흐라바-이야]
그 기술자는 전기회사에서 일하고 있어요.

[사전 속 예문]
30p, 77p, 85p, 96p

فَتَحَ 열다

		완료형	미완료형			
			직설법	접속법	단축법	명령형
3인칭	남성 단수	فَتَحَ	يَفْتَحُ	يَفْتَحَ	يَفْتَحْ	
	여성 단수	فَتَحَتْ	تَفْتَحُ	تَفْتَحَ	تَفْتَحْ	
	남성 복수	فَتَحُوا	يَفْتَحُونَ	يَفْتَحُوا	يَفْتَحُوا	
	여성 복수	فَتَحْنَ	يَفْتَحْنَ	يَفْتَحْنَ	يَفْتَحْنَ	
2인칭	남성 단수	فَتَحْتَ	تَفْتَحُ	تَفْتَحَ	تَفْتَحْ	اِفْتَحْ
	여성 단수	فَتَحْتِ	تَفْتَحِينَ	تَفْتَحِي	تَفْتَحِي	اِفْتَحِي
	남성 복수	فَتَحْتُمْ	تَفْتَحُونَ	تَفْتَحُوا	تَفْتَحُوا	اِفْتَحُوا
	여성 복수	فَتَحْتُنَّ	تَفْتَحْنَ	تَفْتَحْنَ	تَفْتَحْنَ	اِفْتَحْنَ
1인칭	남녀 단수	فَتَحْتُ	أَفْتَحُ	أَفْتَحَ	أَفْتَحْ	
	남녀 복수	فَتَحْنَا	نَفْتَحُ	نَفْتَحَ	نَفْتَحْ	

능동분사	수동분사	동명사
فَاتِحٌ	مَفْتُوحٌ	فَتْحٌ

[ex]

اِفْتَحِي الْبَابَ، يَا أُمِّي!

[이프타힐 밥-, 야 움미]

엄마, 문 열어주세요!

[사전 속 예문]
50p, 90p, 103p

قَطَعَ 자르다

		완료형	미완료형			명령형
			직설법	접속법	단축법	
3인칭	남성 단수	قَطَعَ	يَقْطَعُ	يَقْطَعَ	يَقْطَعْ	
	여성 단수	قَطَعَتْ	تَقْطَعُ	تَقْطَعَ	تَقْطَعْ	
	남성 복수	قَطَعُوا	يَقْطَعُونَ	يَقْطَعُوا	يَقْطَعُوا	
	여성 복수	قَطَعْنَ	يَقْطَعْنَ	يَقْطَعْنَ	يَقْطَعْنَ	
2인칭	남성 단수	قَطَعْتَ	تَقْطَعُ	تَقْطَعَ	تَقْطَعْ	اِقْطَعْ
	여성 단수	قَطَعْتِ	تَقْطَعِينَ	تَقْطَعِي	تَقْطَعِي	اِقْطَعِي
	남성 복수	قَطَعْتُمْ	تَقْطَعُونَ	تَقْطَعُوا	تَقْطَعُوا	اِقْطَعُوا
	여성 복수	قَطَعْتُنَّ	تَقْطَعْنَ	تَقْطَعْنَ	تَقْطَعْنَ	اِقْطَعْنَ
1인칭	남녀 단수	قَطَعْتُ	أَقْطَعُ	أَقْطَعَ	أَقْطَعْ	
	남녀 복수	قَطَعْنَا	نَقْطَعُ	نَقْطَعَ	نَقْطَعْ	

능동분사	수동분사	동명사
قَاطِعٌ	مَقْطُوعٌ	قَطْعٌ

[ex]

كَيْفَ أَقْطَعُ الْبَصَلَ بِدُونِ دُمُوعٍ؟
[카이파 아끄따우 알바쌀 비두-니 두무-인?]
눈물 흘리지 않고 어떻게 양파를 썰어요?

[사전 속 예문]
80p

كَتَبَ 쓰다

		완료형	미완료형			
			직설법	접속법	단축법	명령형
3인칭	남성 단수	كَتَبَ	يَكْتُبُ	يَكْتُبَ	يَكْتُبْ	
	여성 단수	كَتَبَتْ	تَكْتُبُ	تَكْتُبَ	تَكْتُبْ	
	남성 복수	كَتَبُوا	يَكْتُبُونَ	يَكْتُبُوا	يَكْتُبُوا	
	여성 복수	كَتَبْنَ	يَكْتُبْنَ	يَكْتُبْنَ	يَكْتُبْنَ	
2인칭	남성 단수	كَتَبْتَ	تَكْتُبُ	تَكْتُبَ	تَكْتُبْ	اُكْتُبْ
	여성 단수	كَتَبْتِ	تَكْتُبِينَ	تَكْتُبِي	تَكْتُبِي	اُكْتُبِي
	남성 복수	كَتَبْتُمْ	تَكْتُبُونَ	تَكْتُبُوا	تَكْتُبُوا	اُكْتُبُوا
	여성 복수	كَتَبْتُنَّ	تَكْتُبْنَ	تَكْتُبْنَ	تَكْتُبْنَ	اُكْتُبْنَ
1인칭	남녀 단수	كَتَبْتُ	أَكْتُبُ	أَكْتُبَ	أَكْتُبْ	
	남녀 복수	كَتَبْنَا	نَكْتُبُ	نَكْتُبَ	نَكْتُبْ	

능동분사	수동분사	동명사
كَاتِبٌ	مَكْتُوبٌ	كِتَابَةٌ

[ex]

أُكْتُبْ جُمْلَةً وَاحِدَةً حَوْلَ "الرَّبِيعِ".
[우크툽 주믈라 와-히다 하울라 '앗라비-우']
'봄'에 관한 한 문장을 써보세요.

[사전 속 예문]
50p, 71p, 93p, 97p, 107p

لَبِسَ 입다

		완료형	미완료형			
			직설법	접속법	단축법	명령형
3인칭	남성 단수	لَبِسَ	يَلْبَسُ	يَلْبَسَ	يَلْبَسْ	
	여성 단수	لَبِسَتْ	تَلْبَسُ	تَلْبَسَ	تَلْبَسْ	
	남성 복수	لَبِسُوا	يَلْبَسُونَ	يَلْبَسُوا	يَلْبَسُوا	
	여성 복수	لَبِسْنَ	يَلْبَسْنَ	يَلْبَسْنَ	يَلْبَسْنَ	
2인칭	남성 단수	لَبِسْتَ	تَلْبَسُ	تَلْبَسَ	تَلْبَسْ	اِلْبَسْ
	여성 단수	لَبِسْتِ	تَلْبَسِينَ	تَلْبَسِي	تَلْبَسِي	اِلْبَسِي
	남성 복수	لَبِسْتُمْ	تَلْبَسُونَ	تَلْبَسُوا	تَلْبَسُوا	اِلْبَسُوا
	여성 복수	لَبِسْتُنَّ	تَلْبَسْنَ	تَلْبَسْنَ	تَلْبَسْنَ	اِلْبَسْنَ
1인칭	남녀 단수	لَبِسْتُ	أَلْبَسُ	أَلْبَسَ	أَلْبَسْ	
	남녀 복수	لَبِسْنَا	نَلْبَسُ	نَلْبَسَ	نَلْبَسْ	

능동분사	수동분사	동명사
		لِبْسٌ

[ex]

يَلْبَسُ اِبْنِي مَلَابِسَ سَوْدَاءَ فَقَطْ.

얄바쓰 이브니 말라-비쓰 싸우다- 파까뜨]

내 아들은 검은색 옷만 입어요.

[사전 속 예문]
21p

놀다, 역할을 맡다 لَعِبَ

		완료형	미완료형				
			직설법	접속법	단축법	명령형	
3인칭	남성 단수	لَعِبَ	يَلْعَبُ	يَلْعَبَ	يَلْعَبْ		
	여성 단수	لَعِبَتْ	تَلْعَبُ	تَلْعَبَ	تَلْعَبْ		
	남성 복수	لَعِبُوا	يَلْعَبُونَ	يَلْعَبُوا	يَلْعَبُوا		
	여성 복수	لَعِبْنَ	يَلْعَبْنَ	يَلْعَبْنَ	يَلْعَبْنَ		
2인칭	남성 단수	لَعِبْتَ	تَلْعَبُ	تَلْعَبَ	تَلْعَبْ	اِلْعَبْ	
	여성 단수	لَعِبْتِ	تَلْعَبِينَ	تَلْعَبِي	تَلْعَبِي	اِلْعَبِي	
	남성 복수	لَعِبْتُمْ	تَلْعَبُونَ	تَلْعَبُوا	تَلْعَبُوا	اِلْعَبُوا	
	여성 복수	لَعِبْتُنَّ	تَلْعَبْنَ	تَلْعَبْنَ	تَلْعَبْنَ	اِلْعَبْنَ	
1인칭	남녀 단수	لَعِبْتُ	أَلْعَبُ	أَلْعَبَ	أَلْعَبْ		
	남녀 복수	لَعِبْنَا	نَلْعَبُ	نَلْعَبَ	نَلْعَبْ		

능동분사	수동분사	동명사
لَاعِبٌ		لَعْبٌ

[ex]

لَعِبَ الْمُمَثِّلُ دَوْرَ "رَجُلٌ مُسِنٌّ" فِي الْفِيلْمِ.

[라이바 알무맛씰 다우라 라줄 무씬 피 알필름]

영화에서 그 배우는 '나이 많은 남자' 역할을 했어요.

[사전 속 예문]
34p, 86p, 109p

نَجَحَ 성공하다

		완료형	미완료형			
			직설법	접속법	단축법	명령형
3인칭	남성 단수	نَجَحَ	يَنْجَحُ	يَنْجَحَ	يَنْجَحْ	
	여성 단수	نَجَحَتْ	تَنْجَحُ	تَنْجَحَ	تَنْجَحْ	
	남성 복수	نَجَحُوا	يَنْجَحُونَ	يَنْجَحُوا	يَنْجَحُوا	
	여성 복수	نَجَحْنَ	يَنْجَحْنَ	يَنْجَحْنَ	يَنْجَحْنَ	
2인칭	남성 단수	نَجَحْتَ	تَنْجَحُ	تَنْجَحَ	تَنْجَحْ	اِنْجَحْ
	여성 단수	نَجَحْتِ	تَنْجَحِينَ	تَنْجَحِي	تَنْجَحِي	اِنْجَحِي
	남성 복수	نَجَحْتُمْ	تَنْجَحُونَ	تَنْجَحُوا	تَنْجَحُوا	اِنْجَحُوا
	여성 복수	نَجَحْتُنَّ	تَنْجَحْنَ	تَنْجَحْنَ	تَنْجَحْنَ	اِنْجَحْنَ
1인칭	남녀 단수	نَجَحْتُ	أَنْجَحُ	أَنْجَحَ	أَنْجَحْ	
	남녀 복수	نَجَحْنَا	نَنْجَحُ	نَنْجَحَ	نَنْجَحْ	

능동분사	수동분사	동명사
نَاجِحٌ		نَجَاحٌ

[ex]

نَجَحَتْ قُوَاتُ الْأَمْنِ فِي الثَّوْرَةِ.

[나좌하트 꾸와-트 알아믄 핏 싸우라]

안보군이 혁명에 성공했다.

[사전 속 예문]
79p

내리다 نَزَلَ

		완료형	미완료형			
			직설법	접속법	단축법	명령형
3인칭	남성 단수	نَزَلَ	يَنْزِلُ	يَنْزِلَ	يَنْزِلْ	
	여성 단수	نَزَلَتْ	تَنْزِلُ	تَنْزِلَ	تَنْزِلْ	
	남성 복수	نَزَلُوا	يَنْزِلُونَ	يَنْزِلُوا	يَنْزِلُوا	
	여성 복수	نَزَلْنَ	يَنْزِلْنَ	يَنْزِلْنَ	يَنْزِلْنَ	
2인칭	남성 단수	نَزَلْتَ	تَنْزِلُ	تَنْزِلَ	تَنْزِلْ	اِنْزِلْ
	여성 단수	نَزَلْتِ	تَنْزِلِينَ	تَنْزِلِي	تَنْزِلِي	اِنْزِلِي
	남성 복수	نَزَلْتُمْ	تَنْزِلُونَ	تَنْزِلُوا	تَنْزِلُوا	اِنْزِلُوا
	여성 복수	نَزَلْتُنَّ	تَنْزِلْنَ	تَنْزِلْنَ	تَنْزِلْنَ	اِنْزِلْنَ
1인칭	남녀 단수	نَزَلْتُ	أَنْزِلُ	أَنْزِلَ	أَنْزِلْ	
	남녀 복수	نَزَلْنَا	نَنْزِلُ	نَنْزِلَ	نَنْزِلْ	

능동분사	수동분사	동명사
		نُزُولٌ

[ex]

نَزَلَ فِي الْمَحَطَّةِ الْقَادِمَةِ.

[나잘라 필 마핫똬 알까-디마]

그는 다음 역에서 내렸어요.

[사전 속 예문]
26p

نَظَرَ 보다

		완료형	미완료형			
			직설법	접속법	단축법	명령형
3인칭	남성 단수	نَظَرَ	يَنْظُرُ	يَنْظُرَ	يَنْظُرْ	
	여성 단수	نَظَرَتْ	تَنْظُرُ	تَنْظُرَ	تَنْظُرْ	
	남성 복수	نَظَرُوا	يَنْظُرُونَ	يَنْظُرُوا	يَنْظُرُوا	
	여성 복수	نَظَرْنَ	يَنْظُرْنَ	يَنْظُرْنَ	يَنْظُرْنَ	
2인칭	남성 단수	نَظَرْتَ	تَنْظُرُ	تَنْظُرَ	تَنْظُرْ	أُنْظُرْ
	여성 단수	نَظَرْتِ	تَنْظُرِينَ	تَنْظُرِي	تَنْظُرِي	أُنْظُرِي
	남성 복수	نَظَرْتُمْ	تَنْظُرُونَ	تَنْظُرُوا	تَنْظُرُوا	أُنْظُرُوا
	여성 복수	نَظَرْتُنَّ	تَنْظُرْنَ	تَنْظُرْنَ	تَنْظُرْنَ	أُنْظُرْنَ
1인칭	남녀 단수	نَظَرْتُ	أَنْظُرُ	أَنْظُرَ	أَنْظُرْ	
	남녀 복수	نَظَرْنَا	نَنْظُرُ	نَنْظُرَ	نَنْظُرْ	

능동분사	수동분사	동명사
نَاظِرٌ		نَظَرٌ

[ex]
نَظَرَ إِلَى النَّافِذَةِ.
[나돠라 일라 앗나-피다]
그는 창문을 봤다.

[사전 속 예문]
57p

أَثَّرَ 영향을 끼친다

		완료형	미완료형			
			직설법	접속법	단축법	명령형
3인칭	남성 단수	أَثَّرَ	يُؤَثِّرُ	يُؤَثِّرَ	يُؤَثِّرْ	
	여성 단수	أَثَّرَتْ	تُؤَثِّرُ	تُؤَثِّرَ	تُؤَثِّرْ	
	남성 복수	أَثَّرُوا	يُؤَثِّرُونَ	يُؤَثِّرُوا	يُؤَثِّرُوا	
	여성 복수	أَثَّرْنَ	يُؤَثِّرْنَ	يُؤَثِّرْنَ	يُؤَثِّرْنَ	
2인칭	남성 단수	أَثَّرْتَ	تُؤَثِّرُ	تُؤَثِّرَ	تُؤَثِّرْ	
	여성 단수	أَثَّرْتِ	تُؤَثِّرِينَ	تُؤَثِّرِي	تُؤَثِّرِي	
	남성 복수	أَثَّرْتُمْ	تُؤَثِّرُونَ	تُؤَثِّرُوا	تُؤَثِّرُوا	
	여성 복수	أَثَّرْتُنَّ	تُؤَثِّرْنَ	تُؤَثِّرْنَ	تُؤَثِّرْنَ	
1인칭	남녀 단수	أَثَّرْتُ	أُؤَثِّرُ	أُؤَثِّرَ	أُؤَثِّرْ	
	남녀 복수	أَثَّرْنَا	نُؤَثِّرُ	نُؤَثِّرَ	نُؤَثِّرْ	

능동분사	수동분사	동명사
مُؤَثِّرٌ	مُؤَثَّرٌ	تَأْثِيرٌ

[ex]

يُؤَثِّرُ مَرَضُ الْقَلْبِ عَلَى وَظِيفَةِ الْقَلْبِ.

[유앗씨르 마라둘 깔브 알라 와디-파틸 깔브]

심장병은 심장기능에 영향을 끼쳐요.

[사전 속 예문]
47p

시도하다 جَرَّبَ

		완료형	미완료형				명령형
			직설법	접속법	단축법		
3인칭	남성 단수	جَرَّبَ	يُجَرِّبُ	يُجَرِّبَ	يُجَرِّبْ	
	여성 단수	جَرَّبَتْ	تُجَرِّبُ	تُجَرِّبَ	تُجَرِّبْ	
	남성 복수	جَرَّبُوا	يُجَرِّبُونَ	يُجَرِّبُوا	يُجَرِّبُوا	
	여성 복수	جَرَّبْنَ	يُجَرِّبْنَ	يُجَرِّبْنَ	يُجَرِّبْنَ	
2인칭	남성 단수	جَرَّبْتَ	تُجَرِّبُ	تُجَرِّبَ	تُجَرِّبْ	جَرِّبْ
	여성 단수	جَرَّبْتِ	تُجَرِّبِينَ	تُجَرِّبِي	تُجَرِّبِي	جَرِّبِي
	남성 복수	جَرَّبْتُمْ	تُجَرِّبُونَ	تُجَرِّبُوا	تُجَرِّبُوا	جَرِّبُوا
	여성 복수	جَرَّبْتُنَّ	تُجَرِّبْنَ	تُجَرِّبْنَ	تُجَرِّبْنَ	جَرِّبْنَ
1인칭	남녀 단수	جَرَّبْتُ	أُجَرِّبُ	أُجَرِّبَ	أُجَرِّبْ	
	남녀 복수	جَرَّبْنَا	نُجَرِّبُ	نُجَرِّبَ	نُجَرِّبْ	

능동분사	수동분사	동명사
مُجَرِّبٌ	مُجَرَّبٌ	تَجْرِيبٌ

[ex]

أُرِيدُ أَنْ أُجَرِّبَ الطَّعَامَ الْعَرَبِيَّ.
[우리-두 안 우좌리브 앗따암- 알아라비]
난 아랍음식을 시도해보고 싶어요.

[사전 속 예문]
88p

دَرَّبَ 훈련시키다

		완료형	미완료형				명령형
			직설법	접속법	단축법		
3인칭	남성 단수	دَرَّبَ	يُدَرِّبُ	يُدَرِّبَ	يُدَرِّبْ	
	여성 단수	دَرَّبَتْ	تُدَرِّبُ	تُدَرِّبَ	تُدَرِّبْ	
	남성 복수	دَرَّبُوا	يُدَرِّبُونَ	يُدَرِّبُوا	يُدَرِّبُوا	
	여성 복수	دَرَّبْنَ	يُدَرِّبْنَ	يُدَرِّبْنَ	يُدَرِّبْنَ	
2인칭	남성 단수	دَرَّبْتَ	تُدَرِّبُ	تُدَرِّبَ	تُدَرِّبْ	دَرِّبْ
	여성 단수	دَرَّبْتِ	تُدَرِّبِينَ	تُدَرِّبِي	تُدَرِّبِي	دَرِّبِي
	남성 복수	دَرَّبْتُمْ	تُدَرِّبُونَ	تُدَرِّبُوا	تُدَرِّبُوا	دَرِّبُوا
	여성 복수	دَرَّبْتُنَّ	تُدَرِّبْنَ	تُدَرِّبْنَ	تُدَرِّبْنَ	دَرِّبْنَ
1인칭	남녀 단수	دَرَّبْتُ	أُدَرِّبُ	أُدَرِّبَ	أُدَرِّبْ	
	남녀 복수	دَرَّبْنَا	نُدَرِّبُ	نُدَرِّبَ	نُدَرِّبْ	

능동분사	수동분사	동명사
مُدَرِّبٌ	مُدَرَّبٌ	تَدْرِيبٌ

[ex]

يُدَرِّبُ أَبِي الْكَلْبَ فِي الْحَدِيقَةِ.

[유다립 아비 알칼브 필 하디-까]

아빠가 공원에서 개를 훈련시키고 있어요.

[사전 속 예문]
20p

غَيَّرَ 바꾸다

		완료형	미완료형			
			직설법	접속법	단축법	명령형
3인칭	남성 단수	غَيَّرَ	يُغَيِّرُ	يُغَيِّرَ	يُغَيِّرْ	
	여성 단수	غَيَّرَتْ	تُغَيِّرُ	تُغَيِّرَ	تُغَيِّرْ	
	남성 복수	غَيَّرُوا	يُغَيِّرُونَ	يُغَيِّرُوا	يُغَيِّرُوا	
	여성 복수	غَيَّرْنَ	يُغَيِّرْنَ	يُغَيِّرْنَ	يُغَيِّرْنَ	
2인칭	남성 단수	غَيَّرْتَ	تُغَيِّرُ	تُغَيِّرَ	تُغَيِّرْ	غَيِّرْ
	여성 단수	غَيَّرْتِ	تُغَيِّرِينَ	تُغَيِّرِي	تُغَيِّرِي	غَيِّرِي
	남성 복수	غَيَّرْتُمْ	تُغَيِّرُونَ	تُغَيِّرُوا	تُغَيِّرُوا	غَيِّرُوا
	여성 복수	غَيَّرْتُنَّ	تُغَيِّرْنَ	تُغَيِّرْنَ	تُغَيِّرْنَ	غَيِّرْنَ
1인칭	남녀 단수	غَيَّرْتُ	أُغَيِّرُ	أُغَيِّرَ	أُغَيِّرْ	
	남녀 복수	غَيَّرْنَا	نُغَيِّرُ	نُغَيِّرَ	نُغَيِّرْ	

능동분사	수동분사	동명사
مُغَيِّرٌ	مُغَيَّرٌ	تَغْيِيرٌ

[ex]

غَيَّرَتْ الثَّوْرَةُ الرَّقْمِيَّةُ حَيَاتَنَا.

[가야라트 앗싸우라 앗라끄미야 하야-타나]

디지털 혁명은 우리 삶을 바꾸었어요.

[사전 속 예문]
117p

선호하다 فَضَّلَ

		완료형	미완료형			
			직설법	접속법	단축법	명령형
3인칭	남성 단수	فَضَّلَ	يُفَضِّلُ	يُفَضِّلَ	يُفَضِّلْ	
	여성 단수	فَضَّلَتْ	تُفَضِّلُ	تُفَضِّلَ	تُفَضِّلْ	
	남성 복수	فَضَّلُوا	يُفَضِّلُونَ	يُفَضِّلُوا	يُفَضِّلُوا	
	여성 복수	فَضَّلْنَ	يُفَضِّلْنَ	يُفَضِّلْنَ	يُفَضِّلْنَ	
2인칭	남성 단수	فَضَّلْتَ	تُفَضِّلُ	تُفَضِّلَ	تُفَضِّلْ	فَضِّلْ
	여성 단수	فَضَّلْتِ	تُفَضِّلِينَ	تُفَضِّلِي	تُفَضِّلِي	فَضِّلِي
	남성 복수	فَضَّلْتُمْ	تُفَضِّلُونَ	تُفَضِّلُوا	تُفَضِّلُوا	فَضِّلُوا
	여성 복수	فَضَّلْتُنَّ	تُفَضِّلْنَ	تُفَضِّلْنَ	تُفَضِّلْنَ	فَضِّلْنَ
1인칭	남녀 단수	فَضَّلْتُ	أُفَضِّلُ	أُفَضِّلَ	أُفَضِّلْ	
	남녀 복수	فَضَّلْنَا	نُفَضِّلُ	نُفَضِّلَ	نُفَضِّلْ	

능동분사	수동분사	동명사
مُفَضِّلٌ	مُفَضَّلٌ	تَفْضِيلٌ

[ex]

يُفَضِّلُ الْعَرَبُ الْعَائِلَةَ الْكَبِيرَةَ.

[유팟딜 알아랍 알아-일라 알카비-라]

아랍사람들은 대가족을 선호해요.

[사전 속 예문]
19p, 24p, 100p

소개하다 قَدَّمَ

		완료형	미완료형			
			직설법	접속법	단축법	명령형
3인칭	남성 단수	قَدَّمَ	يُقَدِّمُ	يُقَدِّمَ	يُقَدِّمْ	
	여성 단수	قَدَّمَتْ	تُقَدِّمُ	تُقَدِّمَ	تُقَدِّمْ	
	남성 복수	قَدَّمُوا	يُقَدِّمُونَ	يُقَدِّمُوا	يُقَدِّمُوا	
	여성 복수	قَدَّمْنَ	يُقَدِّمْنَ	يُقَدِّمْنَ	يُقَدِّمْنَ	
2인칭	남성 단수	قَدَّمْتَ	تُقَدِّمُ	تُقَدِّمَ	تُقَدِّمْ	قَدِّمْ
	여성 단수	قَدَّمْتِ	تُقَدِّمِينَ	تُقَدِّمِي	تُقَدِّمِي	قَدِّمِي
	남성 복수	قَدَّمْتُمْ	تُقَدِّمُونَ	تُقَدِّمُوا	تُقَدِّمُوا	قَدِّمُوا
	여성 복수	قَدَّمْتُنَّ	تُقَدِّمْنَ	تُقَدِّمْنَ	تُقَدِّمْنَ	قَدِّمْنَ
1인칭	남녀 단수	قَدَّمْتُ	أُقَدِّمُ	أُقَدِّمَ	أُقَدِّمْ	
	남녀 복수	قَدَّمْنَا	نُقَدِّمُ	نُقَدِّمَ	نُقَدِّمْ	
능동분사		수동분사		동명사		
مُقَدِّمٌ		مُقَدَّمٌ		تَقْدِيمٌ		

[ex]

أُقَدِّمُ لَكُمْ ضَيْفَ الْيَوْمِ.
[우깟디무 라쿰 돠이프 알야움]
여러분께 오늘의 손님을 소개합니다.

[사전 속 예문]
68p, 111p

سَافَرَ 여행하다

		완료형	미완료형			명령형
			직설법	접속법	단축법	
3인칭	남성 단수	سَافَرَ	يُسَافِرُ	يُسَافِرَ	يُسَافِرْ	
	여성 단수	سَافَرَتْ	تُسَافِرُ	تُسَافِرَ	تُسَافِرْ	
	남성 복수	سَافَرُوا	يُسَافِرُونَ	يُسَافِرُوا	يُسَافِرُوا	
	여성 복수	سَافَرْنَ	يُسَافِرْنَ	يُسَافِرْنَ	يُسَافِرْنَ	
2인칭	남성 단수	سَافَرْتَ	تُسَافِرُ	تُسَافِرَ	تُسَافِرْ	سَافِرْ
	여성 단수	سَافَرْتِ	تُسَافِرِينَ	تُسَافِرِي	تُسَافِرِي	سَافِرِي
	남성 복수	سَافَرْتُمْ	تُسَافِرُونَ	تُسَافِرُوا	تُسَافِرُوا	سَافِرُوا
	여성 복수	سَافَرْتُنَّ	تُسَافِرْنَ	تُسَافِرْنَ	تُسَافِرْنَ	سَافِرْنَ
1인칭	남녀 단수	سَافَرْتُ	أُسَافِرُ	أُسَافِرَ	أُسَافِرْ	
	남녀 복수	سَافَرْنَا	نُسَافِرُ	نُسَافِرَ	نُسَافِرْ	

능동분사	수동분사	동명사
مُسَافِرٌ		

[ex]

أُرِيدُ أَنْ أُسَافِرَ إِلَى الْأُرْدُنِّ.
[우리-두 안 우싸-피르 일라 알우르둔]
전 요르단을 여행하고 싶어요.

[사전 속 예문]
33p, 97p

سَاعَدَ 돕다

		완료형	미완료형			
			직설법	접속법	단축법	명령형
3인칭	남성 단수	سَاعَدَ	يُسَاعِدُ	يُسَاعِدَ	يُسَاعِدْ	
	여성 단수	سَاعَدَتْ	تُسَاعِدُ	تُسَاعِدَ	تُسَاعِدْ	
	남성 복수	سَاعَدُوا	يُسَاعِدُونَ	يُسَاعِدُوا	يُسَاعِدُوا	
	여성 복수	سَاعَدْنَ	يُسَاعِدْنَ	يُسَاعِدْنَ	يُسَاعِدْنَ	
2인칭	남성 단수	سَاعَدْتَ	تُسَاعِدُ	تُسَاعِدَ	تُسَاعِدْ	سَاعِدْ
	여성 단수	سَاعَدْتِ	تُسَاعِدِينَ	تُسَاعِدِي	تُسَاعِدِي	سَاعِدِي
	남성 복수	سَاعَدْتُمْ	تُسَاعِدُونَ	تُسَاعِدُوا	تُسَاعِدُوا	سَاعِدُوا
	여성 복수	سَاعَدْتُنَّ	تُسَاعِدْنَ	تُسَاعِدْنَ	تُسَاعِدْنَ	سَاعِدْنَ
1인칭	남녀 단수	سَاعَدْتُ	أُسَاعِدُ	أُسَاعِدَ	أُسَاعِدْ	
	남녀 복수	سَاعَدْنَا	نُسَاعِدُ	نُسَاعِدَ	نُسَاعِدْ	

능동분사	수동분사	동명사
مُسَاعِدٌ		مُسَاعَدَةٌ

[ex]

تُسَاعِدُ الرِّيَاضَةُ عَلَى تَقْلِيلِ خَطَرِ الْإِصَابَةِ بِالْأَمْرَاضِ.

[투싸-이드 앗리야-돠 알라 타끌릴 카뜨르 알이싸-바 빌아므라-드]

운동은 병에 걸릴 위험을 줄이는 걸 도와줘요.

[사전 속 예문]
87p, 103p

سَاهَمَ 기여하다

		완료형	미완료형			명령형
			직설법	접속법	단축법	
3인칭	남성 단수	سَاهَمَ	يُسَاهِمُ	يُسَاهِمَ	يُسَاهِمْ	
	여성 단수	سَاهَمَتْ	تُسَاهِمُ	تُسَاهِمَ	تُسَاهِمْ	
	남성 복수	سَاهَمُوا	يُسَاهِمُونَ	يُسَاهِمُوا	يُسَاهِمُوا	
	여성 복수	سَاهَمْنَ	يُسَاهِمْنَ	يُسَاهِمْنَ	يُسَاهِمْنَ	
2인칭	남성 단수	سَاهَمْتَ	تُسَاهِمُ	تُسَاهِمَ	تُسَاهِمْ	سَاهِمْ
	여성 단수	سَاهَمْتِ	تُسَاهِمِينَ	تُسَاهِمِي	تُسَاهِمِي	سَاهِمِي
	남성 복수	سَاهَمْتُمْ	تُسَاهِمُونَ	تُسَاهِمُوا	تُسَاهِمُوا	سَاهِمُوا
	여성 복수	سَاهَمْتُنَّ	تُسَاهِمْنَ	تُسَاهِمْنَ	تُسَاهِمْنَ	سَاهِمْنَ
1인칭	남녀 단수	سَاهَمْتُ	أُسَاهِمُ	أُسَاهِمَ	أُسَاهِمْ	
	남녀 복수	سَاهَمْنَا	نُسَاهِمُ	نُسَاهِمَ	نُسَاهِمْ	

능동분사	수동분사	동명사
مُسَاهِمٌ		مُسَاهَمَةٌ

[ex]
سَاهَمَتْ فِرْقَةُ "بِي تِي أَسْ" فِي رَفْعِ مَكَانَةِ كُورِيَا فِي الْعَالَمِ.
[싸-하마트 피르까투 BTS 피 라프이 마카-나 쿠리야 필 알-림]
'BTS' 그룹이 세계에서 한국의 위상을 높이는 데 기여했어요.

[사전 속 예문]
36p, 87p

شَاهَدَ 보다, 시청하다

		완료형	미완료형			명령형
			직설법	접속법	단축법	
3인칭	남성 단수	شَاهَدَ	يُشَاهِدُ	يُشَاهِدَ	يُشَاهِدْ	
	여성 단수	شَاهَدَتْ	تُشَاهِدُ	تُشَاهِدَ	تُشَاهِدْ	
	남성 복수	شَاهَدُوا	يُشَاهِدُونَ	يُشَاهِدُوا	يُشَاهِدُوا	
	여성 복수	شَاهَدْنَ	يُشَاهِدْنَ	يُشَاهِدْنَ	يُشَاهِدْنَ	
2인칭	남성 단수	شَاهَدْتَ	تُشَاهِدُ	تُشَاهِدَ	تُشَاهِدْ	شَاهِدْ
	여성 단수	شَاهَدْتِ	تُشَاهِدِينَ	تُشَاهِدِي	تُشَاهِدِي	شَاهِدِي
	남성 복수	شَاهَدْتُمْ	تُشَاهِدُونَ	تُشَاهِدُوا	تُشَاهِدُوا	شَاهِدُوا
	여성 복수	شَاهَدْتُنَّ	تُشَاهِدْنَ	تُشَاهِدْنَ	تُشَاهِدْنَ	شَاهِدْنَ
1인칭	남녀 단수	شَاهَدْتُ	أُشَاهِدُ	أُشَاهِدَ	أُشَاهِدْ	
	남녀 복수	شَاهَدْنَا	تُشَاهِدُ	تُشَاهِدَ	تُشَاهِدْ	
	능동분사		수동분사		동명사	
	مُشَاهِدٌ		مُشَاهَدٌ		مُشَاهَدَةٌ	

[ex]

شَاهَدْتُ الْأَشْجَارَ الْجَمِيلَةَ فِي الْغَابَةِ.

[샤-핫투 알아슈좌-르 알좌밀-라 필 가-바]

나는 숲에서 아름다운 나무들을 보았어요.

[사전 속 예문]
70p, 118p

غَادَرَ 떠나다

		완료형	미완료형				명령형
			직설법	접속법	단축법		
3인칭	남성 단수	غَادَرَ	يُغَادِرُ	يُغَادِرَ	يُغَادِرْ	
	여성 단수	غَادَرَتْ	تُغَادِرُ	تُغَادِرَ	تُغَادِرْ	
	남성 복수	غَادَرُوا	يُغَادِرُونَ	يُغَادِرُوا	يُغَادِرُوا	
	여성 복수	غَادَرْنَ	يُغَادِرْنَ	يُغَادِرْنَ	يُغَادِرْنَ	
2인칭	남성 단수	غَادَرْتَ	تُغَادِرُ	تُغَادِرَ	تُغَادِرْ	غَادِرْ
	여성 단수	غَادَرْتِ	تُغَادِرِينَ	تُغَادِرِي	تُغَادِرِي	غَادِرِي
	남성 복수	غَادَرْتُمْ	تُغَادِرُونَ	تُغَادِرُوا	تُغَادِرُوا	غَادِرُوا
	여성 복수	غَادَرْتُنَّ	تُغَادِرْنَ	تُغَادِرْنَ	تُغَادِرْنَ	غَادِرْنَ
1인칭	남녀 단수	غَادَرْتُ	أُغَادِرُ	أُغَادِرَ	أُغَادِرْ	
	남녀 복수	غَادَرْنَا	نُغَادِرُ	نُغَادِرَ	نُغَادِرْ	

능동분사	수동분사	동명사
مُغَادِرٌ		مُغَادَرَةٌ

[ex]

غَادَرَ الْبَيْتَ قَبْلَ قَلِيلٍ.

[가-다라 알바이트 까블라 깔릴]

그는 조금 전에 집을 떠났어요.

[사전 속 예문]
26p

قَابَلَ 만나다

		완료형	미완료형			
			직설법	접속법	단축법	명령형
3인칭	남성 단수	قَابَلَ	يُقَابِلُ	يُقَابِلَ	يُقَابِلْ	
	여성 단수	قَابَلَتْ	تُقَابِلُ	تُقَابِلَ	تُقَابِلْ	
	남성 복수	قَابَلُوا	يُقَابِلُونَ	يُقَابِلُوا	يُقَابِلُوا	
	여성 복수	قَابَلْنَ	يُقَابِلْنَ	يُقَابِلْنَ	يُقَابِلْنَ	
2인칭	남성 단수	قَابَلْتَ	تُقَابِلُ	تُقَابِلَ	تُقَابِلْ	قَابِلْ
	여성 단수	قَابَلْتِ	تُقَابِلِينَ	تُقَابِلِي	تُقَابِلِي	قَابِلِي
	남성 복수	قَابَلْتُمْ	تُقَابِلُونَ	تُقَابِلُوا	تُقَابِلُوا	قَابِلُوا
	여성 복수	قَابَلْتُنَّ	تُقَابِلْنَ	تُقَابِلْنَ	تُقَابِلْنَ	قَابِلْنَ
1인칭	남녀 단수	قَابَلْتُ	أُقَابِلُ	أُقَابِلَ	أُقَابِلْ	
	남녀 복수	قَابَلْنَا	نُقَابِلُ	نُقَابِلَ	نُقَابِلْ	

능동분사	수동분사	동명사
مُقَابِلٌ		مُقَابَلَةٌ

[ex]

قَابَلَ حَمْدَانٌ صَدِيقًا أَمْسِ.

[까-발라 함단 쏴디-깐 암쓰]

함단은 어제 친구를 만났어요.

[사전 속 예문]
26p

مَارَسَ 운동하다

		완료형	미완료형				명령형
			직설법	접속법	단축법		
3인칭	남성 단수	مَارَسَ	يُمَارِسُ	يُمَارِسَ	يُمَارِسْ		
	여성 단수	مَارَسَتْ	تُمَارِسُ	تُمَارِسَ	تُمَارِسْ		
	남성 복수	مَارَسُوا	يُمَارِسُونَ	يُمَارِسُوا	يُمَارِسُوا		
	여성 복수	مَارَسْنَ	يُمَارِسْنَ	يُمَارِسْنَ	يُمَارِسْنَ		
2인칭	남성 단수	مَارَسْتَ	تُمَارِسُ	تُمَارِسَ	تُمَارِسْ	مَارِسْ	
	여성 단수	مَارَسْتِ	تُمَارِسِينَ	تُمَارِسِي	تُمَارِسِي	مَارِسِي	
	남성 복수	مَارَسْتُمْ	تُمَارِسُونَ	تُمَارِسُوا	تُمَارِسُوا	مَارِسُوا	
	여성 복수	مَارَسْتُنَّ	تُمَارِسْنَ	تُمَارِسْنَ	تُمَارِسْنَ	مَارِسْنَ	
1인칭	남녀 단수	مَارَسْتُ	أُمَارِسُ	أُمَارِسَ	أُمَارِسْ		
	남녀 복수	مَارَسْنَا	نُمَارِسُ	نُمَارِسَ	نُمَارِسْ		

능동분사	수동분사	동명사
مُمَارِسٌ		مُمَارَسَةٌ

[ex]
يُمَارِسُ الْأَطْفَالُ كُرَةَ الْقَدَمِ.
[유마-리쓰 알아뜨팔- 쿠라 알까담]
아이들이 축구를 하고 있어요.

[사전 속 예문]
55p, 56p

وَاجَهَ 마주하다

		완료형	미완료형			
			직설법	접속법	단축법	명령형
3인칭	남성 단수	وَاجَهَ	يُوَاجِهُ	يُوَاجِهَ	يُوَاجِهْ	
	여성 단수	وَاجَهَتْ	تُوَاجِهُ	تُوَاجِهَ	تُوَاجِهْ	
	남성 복수	وَاجَهُوا	يُوَاجِهُونَ	يُوَاجِهُوا	يُوَاجِهُوا	
	여성 복수	وَاجَهْنَ	يُوَاجِهْنَ	يُوَاجِهْنَ	يُوَاجِهْنَ	
2인칭	남성 단수	وَاجَهْتَ	تُوَاجِهُ	تُوَاجِهَ	تُوَاجِهْ	وَاجِهْ
	여성 단수	وَاجَهْتِ	تُوَاجِهِينَ	تُوَاجِهِي	تُوَاجِهِي	وَاجِهِي
	남성 복수	وَاجَهْتُمْ	تُوَاجِهُونَ	تُوَاجِهُوا	تُوَاجِهُوا	وَاجِهُوا
	여성 복수	وَاجَهْتُنَّ	تُوَاجِهْنَ	تُوَاجِهْنَ	تُوَاجِهْنَ	وَاجِهْنَ
1인칭	남녀 단수	وَاجَهْتُ	أُوَاجِهُ	أُوَاجِهَ	أُوَاجِهْ	
	남녀 복수	وَاجَهْنَا	نُوَاجِهُ	نُوَاجِهَ	نُوَاجِهْ	

능동분사	수동분사	동명사
مُوَاجِهٌ	مُوَاجَهٌ	مُوَاجَهَةٌ

[ex]

نُوَاجِهُ تَغَيُّرَ الْمُنَاخِ حَالِيًا.

[누와-쥐후 타가유르 알무나-크 할-리안]

우리는 현재 기후변화를 직면하고 있어요.

[사전 속 예문]
34p

أَصْبَحَ 되다

		완료형	미완료형			
			직설법	접속법	단축법	명령형
3인칭	남성 단수	أَصْبَحَ	يُصْبِحُ	يُصْبِحَ	يُصْبِحْ	
	여성 단수	أَصْبَحَتْ	تُصْبِحُ	تُصْبِحَ	تُصْبِحْ	
	남성 복수	أَصْبَحُوا	يُصْبِحُونَ	يُصْبِحُوا	يُصْبِحُوا	
	여성 복수	أَصْبَحْنَ	يُصْبِحْنَ	يُصْبِحْنَ	يُصْبِحْنَ	
2인칭	남성 단수	أَصْبَحْتَ	تُصْبِحُ	تُصْبِحَ	تُصْبِحْ	أَصْبِحْ
	여성 단수	أَصْبَحْتِ	تُصْبِحِينَ	تُصْبِحِي	تُصْبِحِي	أَصْبِحِي
	남성 복수	أَصْبَحْتُمْ	تُصْبِحُونَ	تُصْبِحُوا	تُصْبِحُوا	أَصْبِحُوا
	여성 복수	أَصْبَحْتُنَّ	تُصْبِحْنَ	تُصْبِحْنَ	تُصْبِحْنَ	أَصْبِحْنَ
1인칭	남녀 단수	أَصْبَحْتُ	أُصْبِحُ	أُصْبِحَ	أُصْبِحْ	
	남녀 복수	أَصْبَحْنَا	نُصْبِحُ	نُصْبِحَ	نُصْبِحْ	
		능동분사	수동분사		동명사	

[ex]

مَاذَا يَحْدُثُ عِنْدَمَا يُصْبِحُ الْقَمَرُ بَدْرًا؟

[마-다 야흐두쓰 에인다마 유쓰비흐 알까마르 바드란]

달이 보름달이 되면 무슨 일이 생기나요?

[사전 속 예문]
40p, 104p

أَعْجَبَ 만족시키다

		완료형	미완료형				
			직설법	접속법	단축법	명령형	
3인칭	남성 단수	أَعْجَبَ	يُعْجِبُ	يُعْجِبَ	يُعْجِبْ		
	여성 단수	أَعْجَبَتْ	تُعْجِبُ	تُعْجِبَ	تُعْجِبْ		
	남성 복수	أَعْجَبُوا	يُعْجِبُونَ	يُعْجِبُوا	يُعْجِبُوا		
	여성 복수	أَعْجَبْنَ	يُعْجِبْنَ	يُعْجِبْنَ	يُعْجِبْنَ		
2인칭	남성 단수	أَعْجَبْتَ	تُعْجِبُ	تُعْجِبَ	تُعْجِبْ	أَعْجِبْ	
	여성 단수	أَعْجَبْتِ	تُعْجِبِينَ	تُعْجِبِي	تُعْجِبِي	أَعْجِبِي	
	남성 복수	أَعْجَبْتُمْ	تُعْجِبُونَ	تُعْجِبُوا	تُعْجِبُوا	أَعْجِبُوا	
	여성 복수	أَعْجَبْتُنَّ	تُعْجِبْنَ	تُعْجِبْنَ	تُعْجِبْنَ	أَعْجِبْنَ	
1인칭	남녀 단수	أَعْجَبْتُ	أُعْجِبُ	أُعْجِبَ	أُعْجِبْ		
	남녀 복수	أَعْجَبْنَا	نُعْجِبُ	نُعْجِبَ	نُعْجِبْ		

능동분사	수동분사	동명사
مُعْجِبٌ	مُعْجَبٌ	إِعْجَابٌ

[ex]

يُعْجِبُنِي هَذَا الْحِذَاءُ الْأَبْيَضُ.

[유으쥐부니 하달 히다- 알아브야드]

이 흰 운동화가 마음에 들어요.

[사전 속 예문]
74p

تَأَخَّرَ 늦다

		완료형	미완료형			
			직설법	접속법	단축법	명령형
3인칭	남성 단수	تَأَخَّرَ	يَتَأَخَّرُ	يَتَأَخَّرَ	يَتَأَخَّرْ	
	여성 단수	تَأَخَّرَتْ	تَتَأَخَّرُ	تَتَأَخَّرَ	تَتَأَخَّرْ	
	남성 복수	تَأَخَّرُوا	يَتَأَخَّرُونَ	يَتَأَخَّرُوا	يَتَأَخَّرُوا	
	여성 복수	تَأَخَّرْنَ	يَتَأَخَّرْنَ	يَتَأَخَّرْنَ	يَتَأَخَّرْنَ	
2인칭	남성 단수	تَأَخَّرْتَ	تَتَأَخَّرُ	تَتَأَخَّرَ	تَتَأَخَّرْ	تَأَخَّرْ
	여성 단수	تَأَخَّرْتِ	تَتَأَخَّرِينَ	تَتَأَخَّرِي	تَتَأَخَّرِي	تَأَخَّرِي
	남성 복수	تَأَخَّرْتُمْ	تَتَأَخَّرُونَ	تَتَأَخَّرُوا	تَتَأَخَّرُوا	تَأَخَّرُوا
	여성 복수	تَأَخَّرْتُنَّ	تَتَأَخَّرْنَ	تَتَأَخَّرْنَ	تَتَأَخَّرْنَ	تَأَخَّرْنَ
1인칭	남녀 단수	تَأَخَّرْتُ	أَتَأَخَّرُ	أَتَأَخَّرَ	أَتَأَخَّرْ	
	남녀 복수	تَأَخَّرْنَا	نَتَأَخَّرُ	نَتَأَخَّرَ	نَتَأَخَّرْ	

능동분사	수동분사	동명사
مُتَأَخِّرٌ		تَأَخُّرٌ

[ex]

يَا إِلَهِي! تَأَخَّرْتُ فِي الْمُحَاضَرَةِ!
[아 일라히, 타아카르투 필 무하-돠라]
맙소사! 나 강의에 늦었어!

[사전 속 예문]
19p, 78p

تَبَرَّعَ 기부하다

		완료형	미완료형				명령형
			직설법	접속법	단축법		
3인칭	남성 단수	تَبَرَّعَ	يَتَبَرَّعُ	يَتَبَرَّعَ	يَتَبَرَّعْ	
	여성 단수	تَبَرَّعَتْ	تَتَبَرَّعُ	تَتَبَرَّعَ	تَتَبَرَّعْ	
	남성 복수	تَبَرَّعُوا	يَتَبَرَّعُونَ	يَتَبَرَّعُوا	يَتَبَرَّعُوا	
	여성 복수	تَبَرَّعْنَ	يَتَبَرَّعْنَ	يَتَبَرَّعْنَ	يَتَبَرَّعْنَ	
2인칭	남성 단수	تَبَرَّعْتَ	تَتَبَرَّعُ	تَتَبَرَّعَ	تَتَبَرَّعْ	تَبَرَّعْ
	여성 단수	تَبَرَّعْتِ	تَتَبَرَّعِينَ	تَتَبَرَّعِي	تَتَبَرَّعِي	تَبَرَّعِي
	남성 복수	تَبَرَّعْتُمْ	تَتَبَرَّعُونَ	تَتَبَرَّعُوا	تَتَبَرَّعُوا	تَبَرَّعُوا
	여성 복수	تَبَرَّعْتُنَّ	تَتَبَرَّعْنَ	تَتَبَرَّعْنَ	تَتَبَرَّعْنَ	تَبَرَّعْنَ
1인칭	남녀 단수	تَبَرَّعْتُ	أَتَبَرَّعُ	أَتَبَرَّعَ	أَتَبَرَّعْ	
	남녀 복수	تَبَرَّعْنَا	نَتَبَرَّعُ	نَتَبَرَّعَ	نَتَبَرَّعْ	

능동분사	수동분사	동명사
مُتَبَرِّعٌ		تَبَرُّعٌ

[ex]
تَبَرَّعَ الْغَنِيُّ بِمَبْلَغٍ كَبِيرٍ إِلَى الْجَامِعَةِ.
[타바라아 알가니 비마블라그 카비-르 일랄 좌-미아]
그 부자는 대학교에 큰 금액을 기부했어요.

[사전 속 예문]
58p

تَحَقَّقَ 실현되다

		완료형	미완료형			
			직설법	접속법	단축법	명령형
3인칭	남성 단수	تَحَقَّقَ	يَتَحَقَّقُ	يَتَحَقَّقَ	يَتَحَقَّقْ	
	여성 단수	تَحَقَّقَتْ	تَتَحَقَّقُ	تَتَحَقَّقَ	تَتَحَقَّقْ	
	남성 복수	تَحَقَّقُوا	يَتَحَقَّقُونَ	يَتَحَقَّقُوا	يَتَحَقَّقُوا	
	여성 복수	تَحَقَّقْنَ	يَتَحَقَّقْنَ	يَتَحَقَّقْنَ	يَتَحَقَّقْنَ	
2인칭	남성 단수	تَحَقَّقْتَ	تَتَحَقَّقُ	تَتَحَقَّقَ	تَتَحَقَّقْ	تَحَقَّقْ
	여성 단수	تَحَقَّقْتِ	تَتَحَقَّقِينَ	تَتَحَقَّقِي	تَتَحَقَّقِي	تَحَقَّقِي
	남성 복수	تَحَقَّقْتُمْ	تَتَحَقَّقُونَ	تَتَحَقَّقُوا	تَتَحَقَّقُوا	تَحَقَّقُوا
	여성 복수	تَحَقَّقْتُنَّ	تَتَحَقَّقْنَ	تَتَحَقَّقْنَ	تَتَحَقَّقْنَ	تَحَقَّقْنَ
1인칭	남녀 단수	تَحَقَّقْتُ	أَتَحَقَّقُ	أَتَحَقَّقَ	أَتَحَقَّقْ	
	남녀 복수	تَحَقَّقْنَا	نَتَحَقَّقُ	نَتَحَقَّقَ	نَتَحَقَّقْ	
능동분사			수동분사		동명사	
					تَحَقُّقٌ	

[ex]

تَحَقَّقَ حُلْمِي!

[타핫까까 훌미]

내 꿈이 이루어졌어요!

[사전 속 예문]
31p

تَعَلَّمَ 배우다

		완료형	미완료형			
			직설법	접속법	단축법	명령형
3인칭	남성 단수	تَعَلَّمَ	يَتَعَلَّمُ	يَتَعَلَّمَ	يَتَعَلَّمْ	
	여성 단수	تَعَلَّمَتْ	تَتَعَلَّمُ	تَتَعَلَّمَ	تَتَعَلَّمْ	
	남성 복수	تَعَلَّمُوا	يَتَعَلَّمُونَ	يَتَعَلَّمُوا	يَتَعَلَّمُوا	
	여성 복수	تَعَلَّمْنَ	يَتَعَلَّمْنَ	يَتَعَلَّمْنَ	يَتَعَلَّمْنَ	
2인칭	남성 단수	تَعَلَّمْتَ	تَتَعَلَّمُ	تَتَعَلَّمَ	تَتَعَلَّمْ	تَعَلَّمْ
	여성 단수	تَعَلَّمْتِ	تَتَعَلَّمِينَ	تَتَعَلَّمِي	تَتَعَلَّمِي	تَعَلَّمِي
	남성 복수	تَعَلَّمْتُمْ	تَتَعَلَّمُونَ	تَتَعَلَّمُوا	تَتَعَلَّمُوا	تَعَلَّمُوا
	여성 복수	تَعَلَّمْتُنَّ	تَتَعَلَّمْنَ	تَتَعَلَّمْنَ	تَتَعَلَّمْنَ	تَعَلَّمْنَ
1인칭	남녀 단수	تَعَلَّمْتُ	أَتَعَلَّمُ	أَتَعَلَّمَ	أَتَعَلَّمْ	
	남녀 복수	تَعَلَّمْنَا	نَتَعَلَّمُ	نَتَعَلَّمَ	نَتَعَلَّمْ	

능동분사	수동분사	동명사
مُتَعَلِّمٌ		تَعَلُّمٌ

[ex]
تَعَلَّمَ الطَّالِبُ الثَّقَافَةَ الْعَرَبِيَّةَ فِي الْجَامِعَةِ.
[타일라마 앗뙬-립 앗싸까-파 알아라비야 필 좌-미아]
그 학생은 대학교에서 아랍문화를 배웠어요.

[사전 속 예문]
27p, 81p, 86p

تَكَلَّمَ 말하다

		완료형	미완료형			명령형
			직설법	접속법	단축법	
3인칭	남성 단수	تَكَلَّمَ	يَتَكَلَّمُ	يَتَكَلَّمَ	يَتَكَلَّمْ	
	여성 단수	تَكَلَّمَتْ	تَتَكَلَّمُ	تَتَكَلَّمَ	تَتَكَلَّمْ	
	남성 복수	تَكَلَّمُوا	يَتَكَلَّمُونَ	يَتَكَلَّمُوا	يَتَكَلَّمُوا	
	여성 복수	تَكَلَّمْنَ	يَتَكَلَّمْنَ	يَتَكَلَّمْنَ	يَتَكَلَّمْنَ	
2인칭	남성 단수	تَكَلَّمْتَ	تَتَكَلَّمُ	تَتَكَلَّمَ	تَتَكَلَّمْ	تَكَلَّمْ
	여성 단수	تَكَلَّمْتِ	تَتَكَلَّمِينَ	تَتَكَلَّمِي	تَتَكَلَّمِي	تَكَلَّمِي
	남성 복수	تَكَلَّمْتُمْ	تَتَكَلَّمُونَ	تَتَكَلَّمُوا	تَتَكَلَّمُوا	تَكَلَّمُوا
	여성 복수	تَكَلَّمْتُنَّ	تَتَكَلَّمْنَ	تَتَكَلَّمْنَ	تَتَكَلَّمْنَ	تَكَلَّمْنَ
1인칭	남녀 단수	تَكَلَّمْتُ	أَتَكَلَّمُ	أَتَكَلَّمَ	أَتَكَلَّمْ	
	남녀 복수	تَكَلَّمْنَا	نَتَكَلَّمُ	نَتَكَلَّمَ	نَتَكَلَّمْ	

능동분사	수동분사	동명사
مُتَكَلِّم		تَكَلُّم

[ex]

يَتَكَلَّمُ دِيَابٌ اللُّغَةَ الْكُورِيَّةَ بِطَلَاقَةٍ.
[아타칼람 디얍 알루가 알쿠리야 비딸라-까]
디얍은 한국어를 유창하게 말해요.

[사전 속 예문]
82p

تَمَيَّزَ 특징짓다

		완료형	미완료형			
			직설법	접속법	단축법	명령형
3인칭	남성 단수	تَمَيَّزَ	يَتَمَيَّزُ	يَتَمَيَّزَ	يَتَمَيَّزْ	
	여성 단수	تَمَيَّزَتْ	تَتَمَيَّزُ	تَتَمَيَّزَ	تَتَمَيَّزْ	
	남성 복수	تَمَيَّزُوا	يَتَمَيَّزُونَ	يَتَمَيَّزُوا	يَتَمَيَّزُوا	
	여성 복수	تَمَيَّزْنَ	يَتَمَيَّزْنَ	يَتَمَيَّزْنَ	يَتَمَيَّزْنَ	
2인칭	남성 단수	تَمَيَّزْتَ	تَتَمَيَّزُ	تَتَمَيَّزَ	تَتَمَيَّزْ	تَمَيَّزْ
	여성 단수	تَمَيَّزْتِ	تَتَمَيَّزِينَ	تَتَمَيَّزِي	تَتَمَيَّزِي	تَمَيَّزِي
	남성 복수	تَمَيَّزْتُمْ	تَتَمَيَّزُونَ	تَتَمَيَّزُوا	تَتَمَيَّزُوا	تَمَيَّزُوا
	여성 복수	تَمَيَّزْتُنَّ	تَتَمَيَّزْنَ	تَتَمَيَّزْنَ	تَتَمَيَّزْنَ	تَمَيَّزْنَ
1인칭	남녀 단수	تَمَيَّزْتُ	أَتَمَيَّزُ	أَتَمَيَّزَ	أَتَمَيَّزْ	
	남녀 복수	تَمَيَّزْنَا	نَتَمَيَّزُ	نَتَمَيَّزَ	نَتَمَيَّزْ	
	능동분사		수동분사		동명사	
	مُتَمَيِّزٌ				تَمَيُّزٌ	

[ex]
يَتَمَيَّزُ فَصْلُ الْخَرِيفِ بِالطَّقْسِ اللَّطِيفِ.
[야타맛야즈 파쌀 알카리-프 빗 똬끄쓰 알라띠-프]
가을계절은 온화한 날씨가 특징이에요.

[사전 속 예문]
22p

중지하다 تَوَقَّفَ

		완료형	미완료형			
			직설법	접속법	단축법	명령형
3인칭	남성 단수	تَوَقَّفَ	يَتَوَقَّفُ	يَتَوَقَّفَ	يَتَوَقَّفْ	
	여성 단수	تَوَقَّفَتْ	تَتَوَقَّفُ	تَتَوَقَّفَ	تَتَوَقَّفْ	
	남성 복수	تَوَقَّفُوا	يَتَوَقَّفُونَ	يَتَوَقَّفُوا	يَتَوَقَّفُوا	
	여성 복수	تَوَقَّفْنَ	يَتَوَقَّفْنَ	يَتَوَقَّفْنَ	يَتَوَقَّفْنَ	
2인칭	남성 단수	تَوَقَّفْتَ	تَتَوَقَّفُ	تَتَوَقَّفَ	تَتَوَقَّفْ	تَوَقَّفْ
	여성 단수	تَوَقَّفْتِ	تَتَوَقَّفِينَ	تَتَوَقَّفِي	تَتَوَقَّفِي	تَوَقَّفِي
	남성 복수	تَوَقَّفْتُمْ	تَتَوَقَّفُونَ	تَتَوَقَّفُوا	تَتَوَقَّفُوا	تَوَقَّفُوا
	여성 복수	تَوَقَّفْتُنَّ	تَتَوَقَّفْنَ	تَتَوَقَّفْنَ	تَتَوَقَّفْنَ	تَوَقَّفْنَ
1인칭	남녀 단수	تَوَقَّفْتُ	أَتَوَقَّفُ	أَتَوَقَّفَ	أَتَوَقَّفْ	
	남녀 복수	تَوَقَّفْنَا	نَتَوَقَّفُ	نَتَوَقَّفَ	نَتَوَقَّفْ	

능동분사	수동분사	동명사
مُتَوَقِّفٌ		تَوَقُّفٌ

[ex]

لَا تَتَوَقَّفْ حَتَّى النِّهَايَةِ.

[라 타타왓까프 핫타 안니하-야]

끝까지 멈추지 마세요.

[사전 속 예문]
31p

식사하다, (약을)복용하다 تَنَاوَلَ

		완료형	미완료형				명령형
			직설법	접속법	단축법		
3인칭	남성 단수	تَنَاوَلَ	يَتَنَاوَلُ	يَتَنَاوَلَ	يَتَنَاوَلْ		
	여성 단수	تَنَاوَلَتْ	تَتَنَاوَلُ	تَتَنَاوَلَ	تَتَنَاوَلْ		
	남성 복수	تَنَاوَلُوا	يَتَنَاوَلُونَ	يَتَنَاوَلُوا	يَتَنَاوَلُوا		
	여성 복수	تَنَاوَلْنَ	يَتَنَاوَلْنَ	يَتَنَاوَلْنَ	يَتَنَاوَلْنَ		
2인칭	남성 단수	تَنَاوَلْتَ	تَتَنَاوَلُ	تَتَنَاوَلَ	تَتَنَاوَلْ	تَنَاوَلْ	
	여성 단수	تَنَاوَلْتِ	تَتَنَاوَلِينَ	تَتَنَاوَلِي	تَتَنَاوَلِي	تَنَاوَلِي	
	남성 복수	تَنَاوَلْتُمْ	تَتَنَاوَلُونَ	تَتَنَاوَلُوا	تَتَنَاوَلُوا	تَنَاوَلُوا	
	여성 복수	تَنَاوَلْتُنَّ	تَتَنَاوَلْنَ	تَتَنَاوَلْنَ	تَتَنَاوَلْنَ	تَنَاوَلْنَ	
1인칭	남녀 단수	تَنَاوَلْتُ	أَتَنَاوَلُ	أَتَنَاوَلَ	أَتَنَاوَلْ		
	남녀 복수	تَنَاوَلْنَا	نَتَنَاوَلُ	نَتَنَاوَلَ	نَتَنَاوَلْ		

능동분사	수동분사	동명사
مُتَنَاوِلٌ		تَنَاوُلٌ

[ex]
أَتَنَاوَلُ الدَّوَاءَ بَعْدَ 30 دَقِيقَةً مِنْ كُلِّ وَجْبَةٍ.
[아타나-왈루 앗다와- 바으다 쌀라씬 다끼-까 민 쿨리 와즈바]
난 매 식후 30분 후에 약을 복용해요.

[사전 속 예문]
80p, 94p, 95p

اِسْتَخْدَمَ 사용하다

		완료형	미완료형			
			직설법	접속법	단축법	명령형
3인칭	남성 단수	اِسْتَخْدَمَ	يَسْتَخْدِمُ	يَسْتَخْدِمَ	يَسْتَخْدِمْ	
	여성 단수	اِسْتَخْدَمَتْ	تَسْتَخْدِمُ	تَسْتَخْدِمَ	تَسْتَخْدِمْ	
	남성 복수	اِسْتَخْدَمُوا	يَسْتَخْدِمُونَ	يَسْتَخْدِمُوا	يَسْتَخْدِمُوا	
	여성 복수	اِسْتَخْدَمْنَ	يَسْتَخْدِمْنَ	يَسْتَخْدِمْنَ	يَسْتَخْدِمْنَ	
2인칭	남성 단수	اِسْتَخْدَمْتَ	تَسْتَخْدِمُ	تَسْتَخْدِمَ	تَسْتَخْدِمْ	اِسْتَخْدِمْ
	여성 단수	اِسْتَخْدَمْتِ	تَسْتَخْدِمِينَ	تَسْتَخْدِمِي	تَسْتَخْدِمِي	اِسْتَخْدِمِي
	남성 복수	اِسْتَخْدَمْتُمْ	تَسْتَخْدِمُونَ	تَسْتَخْدِمُوا	تَسْتَخْدِمُوا	اِسْتَخْدِمُوا
	여성 복수	اِسْتَخْدَمْتُنَّ	تَسْتَخْدِمْنَ	تَسْتَخْدِمْنَ	تَسْتَخْدِمْنَ	اِسْتَخْدِمْنَ
1인칭	남녀 단수	اِسْتَخْدَمْتُ	أَسْتَخْدِمُ	أَسْتَخْدِمَ	أَسْتَخْدِمْ	
	남녀 복수	اِسْتَخْدَمْنَا	نَسْتَخْدِمُ	نَسْتَخْدِمَ	نَسْتَخْدِمْ	

능동분사	수동분사	동명사
مُسْتَخْدِمٌ	مُسْتَخْدَمٌ	اِسْتِخْدَامٌ

[ex]

أَسْتَخْدِمُ الْمُرَطِّبَ فِي الشِّتَاءِ.

[아쓰타크딤 알무라띱 핏 쉬타-]

난 겨울에 보습제를 사용해요.

[사전 속 예문]
57p, 73p, 79p, 86p

취하다, 갖다 أَخَذَ

		완료형	미완료형			
			직설법	접속법	단축법	명령형
3인칭	남성 단수	أَخَذَ	يَأْخُذُ	يَأْخُذَ	يَأْخُذْ	
	여성 단수	أَخَذَتْ	تَأْخُذُ	تَأْخُذَ	تَأْخُذْ	
	남성 복수	أَخَذُوا	يَأْخُذُونَ	يَأْخُذُوا	يَأْخُذُوا	
	여성 복수	أَخَذْنَ	يَأْخُذْنَ	يَأْخُذْنَ	يَأْخُذْنَ	
2인칭	남성 단수	أَخَذْتَ	تَأْخُذُ	تَأْخُذَ	تَأْخُذْ	خُذْ
	여성 단수	أَخَذْتِ	تَأْخُذِينَ	تَأْخُذِي	تَأْخُذِي	خُذِي
	남성 복수	أَخَذْتُمْ	تَأْخُذُونَ	تَأْخُذُوا	تَأْخُذُوا	خُذُوا
	여성 복수	أَخَذْتُنَّ	تَأْخُذْنَ	تَأْخُذْنَ	تَأْخُذْنَ	خُذْنَ
1인칭	남녀 단수	أَخَذْتُ	آخُذُ	آخُذَ	آخُذْ	
	남녀 복수	أَخَذْنَا	نَأْخُذُ	نَأْخُذَ	نَأْخُذْ	

능동분사	수동분사	동명사
آخِذٌ	مَأْخُوذٌ	أَخْذٌ

أَكَلَ 먹다

		완료형	미완료형			
			직설법	접속법	단축법	명령형
3인칭	남성 단수	أَكَلَ	يَأْكُلُ	يَأْكُلَ	يَأْكُلْ	
	여성 단수	أَكَلَتْ	تَأْكُلُ	تَأْكُلَ	تَأْكُلْ	
	남성 복수	أَكَلُوا	يَأْكُلُونَ	يَأْكُلُوا	يَأْكُلُوا	
	여성 복수	أَكَلْنَ	يَأْكُلْنَ	يَأْكُلْنَ	يَأْكُلْنَ	
2인칭	남성 단수	أَكَلْتَ	تَأْكُلُ	تَأْكُلَ	تَأْكُلْ	كُلْ
	여성 단수	أَكَلْتِ	تَأْكُلِينَ	تَأْكُلِي	تَأْكُلِي	كُلِي
	남성 복수	أَكَلْتُمْ	تَأْكُلُونَ	تَأْكُلُوا	تَأْكُلُوا	كُلُوا
	여성 복수	أَكَلْتُنَّ	تَأْكُلْنَ	تَأْكُلْنَ	تَأْكُلْنَ	كُلْنَ
1인칭	남녀 단수	أَكَلْتُ	آكُلُ	آكُلَ	آكُلْ	
	남녀 복수	أَكَلْنَا	نَأْكُلُ	نَأْكُلَ	نَأْكُلْ	

능동분사	수동분사	동명사
آكِلٌ	مَأْكُولٌ	أَكْلٌ

[ex]

يَأْكُلُ حَمَدٌ صَدْرَ الدَّجَاج فَقَطْ.

[야으쿨 하마드 쏴드르 앗다좌-주 파까뜨]

하마드는 닭가슴살만 먹어요.

[사전 속 예문]
40p, 43p, 65p, 80p, 111p

بَدَأَ 시작하다

		완료형	미완료형			
			직설법	접속법	단축법	명령형
3인칭	남성 단수	بَدَأَ	يَبْدَأُ	يَبْدَأَ	يَبْدَأْ	
	여성 단수	بَدَأَتْ	تَبْدَأُ	تَبْدَأَ	تَبْدَأْ	
	남성 복수	بَدَؤُوا	يَبْدَأُونَ	يَبْدَأُوا	يَبْدَأُوا	
		بَدَأُوا	يَبْدَؤُونَ	يَبْدَؤُوا	يَبْدَؤُوا	
		بَدَءُوا	يَبْدَءُونَ	يَبْدَءُوا	يَبْدَءُوا	
	여성 복수	بَدَأْنَ	يَبْدَأْنَ	يَبْدَأْنَ	يَبْدَأْنَ	
2인칭	남성 단수	بَدَأْتَ	تَبْدَأُ	تَبْدَأَ	تَبْدَأْ	اِبْدَأْ
	여성 단수	بَدَأْتِ	تَبْدَئِينَ	تَبْدَئِي	تَبْدَئِي	اِبْدَئِي
	남성 복수	بَدَأْتُمْ	تَبْدَأُونَ	تَبْدَأُوا	تَبْدَأُوا	اِبْدَأُوا
			تَبْدَؤُونَ	تَبْدَؤُوا	تَبْدَؤُوا	اِبْدَؤُوا
			تَبْدَءُونَ	تَبْدَءُوا	تَبْدَءُوا	اِبْدَءُوا
	여성 복수	بَدَأْتُنَّ	تَبْدَأْنَ	تَبْدَأْنَ	تَبْدَأْنَ	اِبْدَأْنَ
1인칭	남녀 단수	بَدَأْتُ	أَبْدَأُ	أَبْدَأَ	أَبْدَأْ	
	남녀 복수	بَدَأْنَا	نَبْدَأُ	نَبْدَأَ	نَبْدَأْ	

능동분사	수동분사	동명사
بَادِئٌ		بَدْءٌ، بِدَايَةٌ

[ex]
بَدَأَ الطِّفْلُ يَبْكِي عَلَى مَتْنِ الطَّائِرَةِ.
[바다아 앗띠플 야브키 알라 마트니 앗따-이라]
아이가 기내에서 울기 시작했다.

[사전 속 예문]
29p

قَرَأَ 읽다

		완료형	미완료형			명령형
			직설법	접속법	단축법	
3인칭	남성 단수	قَرَأَ	يَقْرَأُ	يَقْرَأَ	يَقْرَأْ	
	여성 단수	قَرَأَتْ	تَقْرَأُ	تَقْرَأَ	تَقْرَأْ	
	남성 복수	قَرَؤُوا	يَقْرَأُونَ	يَقْرَأُوا	يَقْرَؤُوا	
		قَرَأُوا	يَقْرَؤُونَ	يَقْرَؤُوا	يَقْرَؤُوا	
		قَرَءُوا	يَقْرَءُونَ	يَقْرَءُوا	يَقْرَءُوا	
	여성 복수	قَرَأْنَ	يَقْرَأْنَ	يَقْرَأْنَ	يَقْرَأْنَ	
2인칭	남성 단수	قَرَأْتَ	تَقْرَأُ	تَقْرَأَ	تَقْرَأْ	اِقْرَأْ
	여성 단수	قَرَأْتِ	تَقْرَئِينَ	تَقْرَئِي	تَقْرَئِي	اِقْرَئِي
	남성 복수		تَقْرَأُونَ	تَقْرَأُوا	تَقْرَأُوا	اِقْرَأُوا
		قَرَأْتُمْ	تَقْرَؤُونَ	تَقْرَؤُوا	تَقْرَؤُوا	اِقْرَؤُوا
			تَقْرَءُونَ	تَقْرَءُوا	تَقْرَءُوا	اِقْرَءُوا
	여성 복수	قَرَأْتُنَّ	تَقْرَأْنَ	تَقْرَأْنَ	تَقْرَأْنَ	اِقْرَأْنَ
1인칭	남녀 단수	قَرَأْتُ	أَقْرَأُ	أَقْرَأَ	أَقْرَأْ	
	남녀 복수	قَرَأْنَا	نَقْرَأُ	نَقْرَأَ	نَقْرَأْ	

능동분사	수동분사	동명사
قَارِئٌ	مَقْرُوءٌ	قِرَاءَةٌ

[ex]
لَا يَقْرَأُ النَّاسُ الْجَرِيدَةَ الْوَرَقِيَّةَ هَذِهِ الْأَيَّامَ.
[라 야끄라우 앗나-쓰 알좌리-다 알와라끼야 하디힐 아얌]
요즘 사람들은 종이 신문을 읽지 않아요.

[사전 속 예문]
73p, 90p

أَحَبَّ 사랑하다

		완료형	미완료형			명령형
			직설법	접속법	단축법	
3인칭	남성 단수	أَحَبَّ	يُحِبُّ	يُحِبَّ	يُحِبَّ / يُحْبِبْ	
	여성 단수	أَحَبَّتْ	تُحِبُّ	تُحِبَّ	تُحِبَّ / تُحْبِبْ	
	남성 복수	أَحَبُّوا	يُحِبُّونَ	يُحِبُّوا	يُحِبُّوا	
	여성 복수	أَحْبَبْنَ	يُحْبِبْنَ	يُحْبِبْنَ	يُحْبِبْنَ	
2인칭	남성 단수	أَحْبَبْتَ	تُحِبُّ	تُحِبَّ	تُحِبَّ / تُحْبِبْ	أَحِبَّ / أَحْبِبْ
	여성 단수	أَحْبَبْتِ	تُحِبِّينَ	تُحِبِّي	تُحِبِّي	أَحِبِّي
	남성 복수	أَحْبَبْتُمْ	تُحِبُّونَ	تُحِبُّوا	تُحِبُّوا	أَحِبُّوا
	여성 복수	أَحْبَبْتُنَّ	تُحْبِبْنَ	تُحْبِبْنَ	تُحْبِبْنَ	أَحْبِبْنَ
1인칭	남녀 단수	أَحْبَبْتُ	أُحِبُّ	أُحِبَّ	أُحِبَّ / أُحْبِبْ	
	남녀 복수	أَحْبَبْنَا	نُحِبُّ	نُحِبَّ	نُحِبَّ / نُحْبِبْ	

능동분사	수동분사	동명사
مُحِبٌّ	مُحَبٌّ	إِحْبَابٌ

[ex]

تُحِبُّ أُسْرَتِي الْقِطَّةَ.
[투힙부 우쓰라티 알낏따]
우리 가족은 고양이를 좋아해요.

[사전 속 예문]
23p, 67p, 68p, 72p, 82p, 92p, 98p

취하다, 채택하다 اِتَّخَذَ

		완료형	미완료형				
			직설법	접속법	단축법	명령형	
3인칭	남성 단수	اِتَّخَذَ	يَتَّخِذُ	يَتَّخِذَ	يَتَّخِذْ		
	여성 단수	اِتَّخَذَتْ	تَتَّخِذُ	تَتَّخِذَ	تَتَّخِذْ		
	남성 복수	اِتَّخَذُوا	يَتَّخِذُونَ	يَتَّخِذُوا	يَتَّخِذُوا		
	여성 복수	اِتَّخَذْنَ	يَتَّخِذْنَ	يَتَّخِذْنَ	يَتَّخِذْنَ		
2인칭	남성 단수	اِتَّخَذْتَ	تَتَّخِذُ	تَتَّخِذَ	تَتَّخِذْ	اِتَّخِذْ	
	여성 단수	اِتَّخَذْتِ	تَتَّخِذِينَ	تَتَّخِذِي	تَتَّخِذِي	اِتَّخِذِي	
	남성 복수	اِتَّخَذْتُمْ	تَتَّخِذُونَ	تَتَّخِذُوا	تَتَّخِذُوا	اِتَّخِذُوا	
	여성 복수	اِتَّخَذْتُنَّ	تَتَّخِذْنَ	تَتَّخِذْنَ	تَتَّخِذْنَ	اِتَّخِذْنَ	
1인칭	남녀 단수	اِتَّخَذْتُ	أَتَّخِذُ	أَتَّخِذَ	أَتَّخِذْ		
	남녀 복수	اِتَّخَذْنَا	نَتَّخِذُ	نَتَّخِذَ	نَتَّخِذْ		

능동분사	수동분사	동명사
مُتَّخِذٌ	مُتَّخَذٌ	اِتِّخَاذٌ

[ex]
اِتَّخَذَتِ الْحُكُومَةُ الْإِجْرَاءَ الْفَوْرِيَّ.
[잇타카다트 알후쿠-마 알이즈라-아 알파우리]
정부는 즉각적인 조치를 취했다.

[사전 속 예문]
74p

관심을 갖다 اِهْتَمَّ

		완료형	미완료형			
			직설법	접속법	단축법	명령형
3인칭	남성 단수	اِهْتَمَّ	يَهْتَمُّ	يَهْتَمَّ	يَهْتَمَّ / يَهْتَمِمْ	
	여성 단수	اِهْتَمَّتْ	تَهْتَمُّ	تَهْتَمَّ	تَهْتَمَّ / تَهْتَمِمْ	
	남성 복수	اِهْتَمُّوا	يَهْتَمُّونَ	يَهْتَمُّوا	يَهْتَمُّوا	
	여성 복수	اِهْتَمَمْنَ	يَهْتَمِمْنَ	يَهْتَمِمْنَ	يَهْتَمِمْنَ	
2인칭	남성 단수	اِهْتَمَمْتَ	تَهْتَمُّ	تَهْتَمَّ	تَهْتَمَّ / تَهْتَمِمْ	اِهْتَمَّ / اِهْتَمِمْ
	여성 단수	اِهْتَمَمْتِ	تَهْتَمِّينَ	تَهْتَمِّي	تَهْتَمِّي	اِهْتَمِّي
	남성 복수	اِهْتَمَمْتُمْ	تَهْتَمُّونَ	تَهْتَمُّوا	تَهْتَمُّوا	اِهْتَمُّوا
	여성 복수	اِهْتَمَمْتُنَّ	تَهْتَمِمْنَ	تَهْتَمِمْنَ	تَهْتَمِمْنَ	اِهْتَمِمْنَ
1인칭	남녀 단수	اِهْتَمَمْتُ	أَهْتَمُّ	أَهْتَمَّ	أَهْتَمَّ / أَهْتَمِمْ	
	남녀 복수	اِهْتَمَمْنَا	نَهْتَمُّ	نَهْتَمَّ	نَحْتَمَّ / نَحْتَمِمْ	
	능동분사		수동분사		동명사	
	مُهْتَمٌّ				اِهْتِمَامٌ	

[ex]
لِمَاذَا تَهْتَمُّ بِبَيْتٍ قَدِيمٍ؟
[리마-다 타흐탐무 비바이틴 까딤]
당신(남성)은 왜 낡은 집에 관심을 가져요?

[사전 속 예문]
84p

وَجَدَ 발견하다

		완료형	미완료형			
			직설법	접속법	단축법	수동태
3인칭	남성 단수	وَجَدَ	يَجِدُ	يَجِدَ	يَجِدْ	يُوْجَدُ
	여성 단수	وَجَدَتْ	تَجِدُ	تَجِدَ	تَجِدْ	تُوْجَدُ
	남성 복수	وَجَدُوا	يَجِدُونَ	يَجِدُوا	يَجِدُوا	
	여성 복수	وَجَدْنَ	يَجِدْنَ	يَجِدْنَ	يَجِدْنَ	
2인칭	남성 단수	وَجَدْتَ	تَجِدُ	تَجِدَ	تَجِدْ	
	여성 단수	وَجَدْتِ	تَجِدِينَ	تَجِدِي	تَجِدِي	
	남성 복수	وَجَدْتُمْ	تَجِدُونَ	تَجِدُوا	تَجِدُوا	
	여성 복수	وَجَدْتُنَّ	تَجِدُونَ	تَجِدُوا	تَجِدُوا	
1인칭	남녀 단수	وَجَدْتُ	أَجِدُ	أَجِدَ	أَجِدْ	
	남녀 복수	وَجَدْنَا	نَجِدُ	نَجِدَ	نَجِدْ	
능동분사		수동분사		동명사		
		مَوجُودٌ		وُجُودٌ		

[ex]

مَاذَا يُوْجَدُ فِي الْحَقِيبَةِ؟

[마-다 유우좌드 필 하끼-바]

그 가방에는 뭐가 들었어요?

[사전 속 예문]
18p, 30p, 49p, 55p, 58p, 66p

وَصَلَ 도착하다

		완료형	미완료형			
			직설법	접속법	단축법	명령형
3인칭	남성 단수	وَصَلَ	يَصِلُ	يَصِلَ	يَصِلْ	
	여성 단수	وَصَلَتْ	تَصِلُ	تَصِلَ	تَصِلْ	
	남성 복수	وَصَلُوا	يَصِلُونَ	يَصِلُوا	يَصِلُوا	
	여성 복수	وَصَلْنَ	يَصِلْنَ	يَصِلْنَ	يَصِلْنَ	
2인칭	남성 단수	وَصَلْتَ	تَصِلُ	تَصِلَ	تَصِلْ	صِلْ
	여성 단수	وَصَلْتِ	تَصِلِينَ	تَصِلِي	تَصِلِي	صِلِي
	남성 복수	وَصَلْتُمْ	تَصِلُونَ	تَصِلُوا	تَصِلُوا	صِلُوا
	여성 복수	وَصَلْتُنَّ	تَصِلْنَ	تَصِلْنَ	تَصِلْنَ	صِلْنَ
1인칭	남녀 단수	وَصَلْتُ	أَصِلُ	أَصِلَ	أَصِلْ	
	남녀 복수	وَصَلْنَا	نَصِلُ	نَصِلَ	نَصِلْ	

능동분사	수동분사	동명사
وَاصِلٌ	مَوْصُولٌ	وُصُولٌ

[ex]

يَصِلُ الْقِطَارُ فِي السَّاعَةِ السَّابِعَةِ.

[야씰루 알끼따-르 피 앗싸-아 앗싸-비아]

기차는 7시에 도착해요.

[사전 속 예문]
30p, 56p, 64p, 113p

وَضَعَ 놓다

		완료형	미완료형			명령형
			직설법	접속법	단축법	
3인칭	남성 단수	وَضَعَ	يَضَعُ	يَضَعَ	يَضَعْ	
	여성 단수	وَضَعَتْ	تَضَعُ	تَضَعَ	تَضَعْ	
	남성 복수	وَضَعُوا	يَضَعُونَ	يَضَعُوا	يَضَعُوا	
	여성 복수	وَضَعْنَ	يَضَعْنَ	يَضَعْنَ	يَضَعْنَ	
2인칭	남성 단수	وَضَعْتَ	تَضَعُ	تَضَعَ	تَضَعْ	ضَعْ
	여성 단수	وَضَعْتِ	تَضَعِينَ	تَضَعِي	تَضَعِي	ضَعِي
	남성 복수	وَضَعْتُمْ	تَضَعُونَ	تَضَعُوا	تَضَعُوا	ضَعُوا
	여성 복수	وَضَعْتُنَّ	تَضَعْنَ	تَضَعْنَ	تَضَعْنَ	ضَعْنَ
1인칭	남녀 단수	وَضَعْتُ	أَضَعُ	أَضَعَ	أَضَعْ	
	남녀 복수	وَضَعْنَا	نَضَعُ	نَضَعَ	نَضَعْ	

능동분사	수동분사	동명사
وَاضِعٌ	مَوْضُوعٌ	وَضْعٌ

[ex]
ضَعْ الْعَسَلَ بَدَلًا مِنَ السُّكَّرِ.
[다으 알아쌀 바달란 민낫 쑤카르]
설탕대신 꿀을 넣어보세요.

[사전 속 예문]
31p, 56p, 66p, 79p

بَاعَ 팔다

		완료형	미완료형			
			직설법	접속법	단축법	명령형
3인칭	남성 단수	بَاعَ	يَبِيعُ	يَبِيعَ	يَبِعْ	
	여성 단수	بَاعَتْ	تَبِيعُ	تَبِيعَ	تَبِعْ	
	남성 복수	بَاعُوا	يَبِيعُونَ	يَبِيعُوا	يَبِيعُوا	
	여성 복수	بِعْنَ	يَبِعْنَ	يَبِعْنَ	يَبِعْنَ	
2인칭	남성 단수	بِعْتَ	تَبِيعُ	تَبِيعَ	تَبِعْ	بِعْ
	여성 단수	بِعْتِ	تَبِيعِينَ	تَبِيعِي	تَبِيعِي	بِيعِي
	남성 복수	بِعْتُمْ	تَبِيعُونَ	تَبِيعُوا	تَبِيعُوا	بِيعُوا
	여성 복수	بِعْتُنَّ	تَبِعْنَ	تَبِعْنَ	تَبِعْنَ	بِعْنَ
1인칭	남녀 단수	بِعْتُ	أَبِيعُ	أَبِيعَ	أَبِعْ	
	남녀 복수	بِعْنَا	نَبِيعُ	نَبِيعَ	نَبِعْ	

능동분사	수동분사	동명사
بَائِعٌ		بَيْعٌ

[ex]
يَبِيعُ مَتْجَرُ مَبَارَك الْفَوَاكِهَ الطَّازَجَةَ.
[야비-우 마트좌르 무바-라크 알파와-키핫 똬-자좌]
무바락네 가게는 신선한 과일을 판매해요.

[사전 속 예문]
17p, 74p

زَارَ 방문하다

		완료형	미완료형				명령형
			직설법	접속법	단축법		
3인칭	남성 단수	زَارَ	يَزُورُ	يَزُورَ	يَزُرْ		
	여성 단수	زَارَتْ	تَزُورُ	تَزُورَ	تَزُرْ		
	남성 복수	زَارُوا	يَزُورُونَ	يَزُورُوا	يَزُورُوا		
	여성 복수	زُرْنَ	يَزُرْنَ	يَزُرْنَ	يَزُرْنَ		
2인칭	남성 단수	زُرْتَ	تَزُورُ	تَزُورَ	تَزُرْ	زُرْ
	여성 단수	زُرْتِ	تَزُورِينَ	تَزُورِي	تَزُورِي	زُورِي
	남성 복수	زُرْتُمْ	تَزُورُونَ	تَزُورُوا	تَزُورُوا	زُورُوا
	여성 복수	زُرْتُنَّ	تَزُرْنَ	تَزُرْنَ	تَزُرْنَ	زُرْنَ
1인칭	남녀 단수	زُرْتُ	أَزُورُ	أَزُورَ	أَزُرْ	
	남녀 복수	زُرْنَا	نَزُورُ	نَزُورَ	نَزُرْ	

능동분사	수동분사	동명사
زَائِرٌ		زِيَارَةٌ

[ex]

زَارَ مُحَمَّدٌ بَيْتَ صَدِيقِهِ أَمْسِ.
[자-라 무함마드 바이트 쏴디-끼히 암쓰]
무함마드는 어제 친구 집을 방문했어요.

[사전 속 예문]
26p, 28p, 42p, 93p, 98p, 116p, 119p

승리하다 فَازَ

		완료형	미완료형			
			직설법	접속법	단축법	명령형
3인칭	남성 단수	فَازَ	يَفُوزُ	يَفُوزَ	يَفُزْ	
	여성 단수	فَازَتْ	تَفُوزُ	تَفُوزَ	تَفُزْ	
	남성 복수	فَازُوا	يَفُوزُونَ	يَفُوزُوا	يَفُوزُوا	
	여성 복수	فُزْنَ	يَفُزْنَ	يَفُزْنَ	يَفُزْنَ	
2인칭	남성 단수	فُزْتَ	تَفُوزُ	تَفُوزَ	تَفُزْ	فُزْ
	여성 단수	فُزْتِ	تَفُوزِينَ	تَفُوزِي	تَفُوزِي	فُوزِي
	남성 복수	فُزْتُمْ	تَفُوزُونَ	تَفُوزُوا	تَفُوزُوا	فُوزُوا
	여성 복수	فُزْتُنَّ	تَفُزْنَ	تَفُزْنَ	تَفُزْنَ	فُزْنَ
1인칭	남녀 단수	فُزْتُ	أَفُوزُ	أَفُوزَ	أَفُزْ	
	남녀 복수	فُزْنَا	نَفُوزُ	نَفُوزَ	نَفُزْ	
	능동분사		수동분사		동명사	
	فَائِزٌ				فَوْزٌ	

[ex]

فَازَتْ كُورِيَا فِي مُبَارَاةِ كُرَةِ السَّلَّةِ.

[파-자트 쿠리야 피 무바라- 쿠라틧 쌀라]

한국이 농구경기에서 승리했다.

[사전 속 예문]
22p

قَالَ 말하다

		완료형	미완료형				명령형
				직설법	접속법	단축법	
3인칭	남성 단수	قَالَ		يَقُولُ	يَقُولَ	يَقُلْ	
	여성 단수	قَالَتْ		تَقُولُ	تَقُولَ	تَقُلْ	
	남성 복수	قَالُوا		يَقُولُونَ	يَقُولُوا	يَقُولُوا	
	여성 복수	قُلْنَ		يَقُلْنَ	يَقُلْنَ	يَقُلْنَ	
2인칭	남성 단수	قُلْتَ		تَقُولُ	تَقُولَ	تَقُلْ	قُلْ
	여성 단수	قُلْتِ		تَقُولِينَ	تَقُولِي	تَقُولِي	قُولِي
	남성 복수	قُلْتُمْ		تَقُولُونَ	تَقُولُوا	تَقُولُوا	قُولُوا
	여성 복수	قُلْتُنَّ		تَقُلْنَ	تَقُلْنَ	تَقُلْنَ	قُلْنَ
1인칭	남녀 단수	قُلْتُ		أَقُولُ	أَقُولَ	أَقُلْ	
	남녀 복수	قُلْنَا		نَقُولُ	نَقُولَ	نَقُلْ	

능동분사	수동분사	동명사
قَائِلٌ		قَوْلٌ

[ex]

يَقُولُ الْعَرَبُ إِنَّ كُورِيَا بَلَدٌ جَمِيلٌ.

[야꾸울 알아랍 인나 쿠리야 발라드 좌밀-]

아랍사람들은 한국이 아름다운 나라라고 말해요.

[사전 속 예문]
33p, 48p, 62p

كَانَ ~였다

		완료형	미완료형			
			직설법	접속법	단축법	명령형
3인칭	남성 단수	كَانَ	يَكُونُ	يَكُونَ	يَكُنْ	
	여성 단수	كَانَتْ	تَكُونُ	تَكُونَ	تَكُنْ	
	남성 복수	كَانُوا	يَكُونُونَ	يَكُونُوا	يَكُونُوا	
	여성 복수	كُنَّ	يَكُنَّ	يَكُنَّ	يَكُنَّ	
2인칭	남성 단수	كُنْتَ	تَكُونُ	تَكُونَ	تَكُنْ	كُنْ
	여성 단수	كُنْتِ	تَكُونِينَ	تَكُونِي	تَكُونِي	كُونِي
	남성 복수	كُنْتُمْ	تَكُونُونَ	تَكُونُوا	تَكُونُوا	كُونُوا
	여성 복수	كُنْتُنَّ	تَكُنَّ	تَكُنَّ	تَكُنَّ	كُنَّ
1인칭	남녀 단수	كُنْتُ	أَكُونُ	أَكُونَ	أَكُنْ	
	남녀 복수	كُنَّا	نَكُونُ	نَكُونَ	نَكُنْ	

능동분사	수동분사	동명사
كَائِنٌ		كَوْنٌ

[ex]
كَانَ الْجَوُّ أَمْسِ مُشْمِسًا.
[카-나 알좌우 암쓰 무슈미싼]
어제 날씨는 화창했어요.

[사전 속 예문]
20p, 21p, 34p, 57p, 59p, 62p, 70p, 72p, 79p, 80p, 83p, 85p, 86p, 87p, 88p, 96p, 105p, 106p, 117p

نَامَ 잠자다

		완료형	미완료형			
			직설법	접속법	단축법	명령형
3인칭	남성 단수	نَامَ	يَنَامُ	يَنَامَ	يَنَمْ	
	여성 단수	نَامَتْ	تَنَامُ	تَنَامَ	تَنَمْ	
	남성 복수	نَامُوا	يَنَامُونَ	يَنَامُوا	يَنَامُوا	
	여성 복수	نِمْنَ	يَنَمْنَ	يَنَمْنَ	يَنَمْنَ	
2인칭	남성 단수	نِمْتَ	تَنَامُ	تَنَامَ	تَنَمْ	نَمْ
	여성 단수	نِمْتِ	تَنَامِينَ	تَنَامِي	تَنَامِي	نَامِي
	남성 복수	نِمْتُمْ	تَنَامُونَ	تَنَامُوا	تَنَامُوا	نَامُوا
	여성 복수	نِمْتُنَّ	تَنَمْنَ	تَنَمْنَ	تَنَمْنَ	نَمْنَ
1인칭	남녀 단수	نِمْتُ	أَنَامُ	أَنَامَ	أَنَمْ	
	남녀 복수	نِمْنَا	نَنَامُ	نَنَامَ	نَنَمْ	

능동분사	수동분사	동명사
نَائِمٌ		نَوْمٌ

[ex]

نَامَ الطَّالِبُ فِي مَكْتَبَةِ المَدْرَسَةِ.

[나-마 앗딸-립 피 마크타바 알마드라싸]

그 학생은 학교도서관에서 잤어요..

[사전 속 예문]
27p

جَاءَ 오다

		완료형	미완료형			
			직설법	접속법	단축법	명령형
3인칭	남성 단수	جَاءَ	يَجِيءُ	يَجِيءَ	يَجِيءْ	
	여성 단수	جَاءَتْ	تَجِيءُ	تَجِيءَ	تَجِيءْ	
	남성 복수	جَاؤُوا	يَجِيئُونَ	يَجِيئُوا	يَجِيئُوا	
	여성 복수	جِئْنَ	يَجِئْنَ	يَجِئْنَ	يَجِئْنَ	
2인칭	남성 단수	جِئْتَ	تَجِيءُ	تَجِيءَ	تَجِيءْ	جِيءْ
	여성 단수	جِئْتِ	تَجِيئِينَ	تَجِيئِي	تَجِيئِي	جِيئِي
	남성 복수	جِئْتُمْ	تَجِيئُونَ	تَجِيئُوا	تَجِيئُوا	جِيئُوا
	여성 복수	جِئْتُنَّ	تَجِئْنَ	تَجِئْنَ	تَجِئْنَ	جِئْنَ
1인칭	남녀 단수	جِئْتُ	أَجِيءُ	أَجِيءَ	أَجِيءْ	
	남녀 복수	جِئْنَا	نَجِيءُ	نَجِيءَ	نَجِيءْ	

능동분사	수동분사	동명사
جَاءٍ		مَجِيءٌ

[ex]
جَاءَ خَبَرٌ سَعِيدٌ.
[좌-아 카바르 싸이-드]
기쁜 소식이 왔어요.

[사전 속 예문]
27p

رَأَى 보다

		완료형	미완료형			
			직설법	접속법	단축법	명령형
3인칭	남성 단수	رَأَى	يَرَى	يَرَ	يَرَ	
	여성 단수	رَأَتْ	تَرَى	تَرَ	تَرَ	
	남성 복수	رَأَوْا	يَرَوْنَ	يَرَوْا	يَرَوْا	
	여성 복수	رَأَيْنَ	يَرَيْنَ	يَرَيْنَ	يَرَيْنَ	
2인칭	남성 단수	رَأَيْتَ	تَرَى	تَرَ	تَرَ	رَ
	여성 단수	رَأَيْتِ	تَرَيْنَ	تَرَيْ	تَرَيْ	رَيْ
	남성 복수	رَأَيْتُمْ	تَرَوْنَ	تَرَوْا	تَرَوْا	رَوْا
	여성 복수	رَأَيْتُنَّ	تَرَيْنَ	تَرَيْنَ	تَرَيْنَ	رَيْنَ
1인칭	남녀 단수	رَأَيْتُ	أَرَى	أَرَ	أَرَ	
	남녀 복수	رَأَيْنَا	نَرَى	نَرَ	نَرَ	

능동분사	수동분사	동명사
رَاءٍ	مَرْئِيٌّ	رَأْيٌ

[ex]

سَأَرَاكَ غَدًا.
[싸아라-카 가단]
내일 만나요.

[사전 속 예문]
35p

أَرَادَ ~을 하고 싶다

		완료형	미완료형			명령형
			직설법	접속법	단축법	
3인칭	남성 단수	أَرَادَ	يُرِيدُ	يُرِيدَ	يُرِدْ	
	여성 단수	أَرَادَتْ	تُرِيدُ	تُرِيدَ	تُرِدْ	
	남성 복수	أَرَادُوا	يُرِيدُونَ	يُرِيدُوا	يُرِيدُوا	
	여성 복수	أَرَدْنَ	يُرِدْنَ	يُرِدْنَ	يُرِدْنَ	
2인칭	남성 단수	أَرَدْتَ	تُرِيدُ	تُرِيدَ	تُرِدْ	أَرِدْ
	여성 단수	أَرَدْتِ	تُرِيدِينَ	تُرِيدِي	تُرِيدِي	أَرِيدِي
	남성 복수	أَرَدْتُمْ	تُرِيدُونَ	تُرِيدُوا	تُرِيدُوا	أَرِيدُوا
	여성 복수	أَرَدْتُنَّ	تُرِدْنَ	تُرِدْنَ	تُرِدْنَ	أَرِدْنَ
1인칭	남녀 단수	أَرَدْتُ	أُرِيدُ	أُرِيدَ	أُرِدْ	
	남녀 복수	أَرَدْنَا	نُرِيدُ	نُرِيدَ	نُرِدْ	

능동분사	수동분사	동명사
مُرِيدٌ	مُرَادٌ	إِرَادَةٌ

[ex]
أُرِيدُ أَنْ أَكُونَ مَالِكَ الْبِنَاءِ.
[우리-두 안 아쿠-나 말-리칼 비나]
나는 건물주가 되고 싶어요.

[사전 속 예문]
20p, 33p, 50p, 54p, 63p, 70p, 83p, 88p, 114p, 118p

اِخْتَارَ 선택하다

		완료형	미완료형			명령형
			직설법	접속법	단축법	
3인칭	남성 단수	اِخْتَارَ	يَخْتَارُ	يَخْتَارَ	يَخْتَرْ	
	여성 단수	اِخْتَارَتْ	تَخْتَارُ	تَخْتَارَ	تَخْتَرْ	
	남성 복수	اِخْتَارُوا	يَخْتَارُونَ	يَخْتَارُوا	يَخْتَارُوا	
	여성 복수	اِخْتَرْنَ	يَخْتَرْنَ	يَخْتَرْنَ	يَخْتَرْنَ	
2인칭	남성 단수	اِخْتَرْتَ	تَخْتَارُ	تَخْتَارَ	تَخْتَرْ	اِخْتَرْ
	여성 단수	اِخْتَرْتِ	تَخْتَارِينَ	تَخْتَارِي	تَخْتَارِي	اِخْتَارِي
	남성 복수	اِخْتَرْتُمْ	تَخْتَارُونَ	تَخْتَارُوا	تَخْتَارُوا	اِخْتَارُوا
	여성 복수	اِخْتَرْتُنَّ	تَخْتَرْنَ	تَخْتَرْنَ	تَخْتَرْنَ	اِخْتَرْنَ
1인칭	남녀 단수	اِخْتَرْتُ	أَخْتَارُ	أَخْتَارَ	أَخْتَرْ	
	남녀 복수	اِخْتَرْنَا	نَخْتَارُ	نَخْتَارَ	نَخْتَرْ	

능동분사	수동분사	동명사
	مُخْتَارٌ	اِخْتِيَارٌ

[ex]
سَأَخْتَارُ لَحْمَ الْبَقَرِ الْمَشْوِيِّ.
[싸아크타-르 라흠 알바까르 알마슈위]
나는 소고기구이를 선택하겠어요.

[사전 속 예문]
22p

اِسْتَطَاعَ 할 수 있다

		완료형	미완료형				명령형
			직설법	접속법	단축법		
3인칭	남성 단수	اِسْتَطَاعَ	يَسْتَطِيعُ	يَسْتَطِيعَ	يَسْتَطِعْ		
	여성 단수	اِسْتَطَاعَتْ	تَسْتَطِيعُ	تَسْتَطِيعَ	تَسْتَطِعْ		
	남성 복수	اِسْتَطَاعُوا	يَسْتَطِيعُونَ	يَسْتَطِيعُوا	يَسْتَطِيعُوا		
	여성 복수	اِسْتَطَعْنَ	يَسْتَطِعْنَ	يَسْتَطِعْنَ	يَسْتَطِعْنَ		
2인칭	남성 단수	اِسْتَطَعْتَ	تَسْتَطِيعُ	تَسْتَطِيعَ	تَسْتَطِعْ	اِسْتَطِعْ	
	여성 단수	اِسْتَطَعْتِ	تَسْتَطِيعِينَ	تَسْتَطِيعِي	تَسْتَطِيعِي	اِسْتَطِيعِي	
	남성 복수	اِسْتَطَعْتُمْ	تَسْتَطِيعُونَ	تَسْتَطِيعُوا	تَسْتَطِيعُوا	اِسْتَطِيعُوا	
	여성 복수	اِسْتَطَعْتُنَّ	تَسْتَطِعْنَ	تَسْتَطِعْنَ	تَسْتَطِعْنَ	اِسْتَطِعْنَ	
1인칭	남녀 단수	اِسْتَطَعْتُ	أَسْتَطِيعُ	أَسْتَطِيعَ	أَسْتَطِعْ		
	남녀 복수	اِسْتَطَعْنَا	نَسْتَطِيعُ	نَسْتَطِيعَ	نَسْتَطِعْ		

능동분사	수동분사	동명사
مُسْتَطِيعٌ	مُسْتَطَاعٌ	اِسْتِطَاعَةٌ

[ex]

كَيْفَ أَسْتَطِيعُ الْاِسْتِفَادَةَ مِنْ مَوْهِبَةِ الرَّسْمِ؟
[카이파 아쓰타띠-우 알이쓰티파-다 민 마우히바 앗라씀]
어떻게 그림 재능을 활용할 수 있을까요?

[사전 속 예문]
29p, 56p, 57p

اِشْتَرَى 사다

		완료형	미완료형			명령형
			직설법	접속법	단축법	
3인칭	남성 단수	اِشْتَرَى	يَشْتَرِي	يَشْتَرِ	يَشْتَرِ	
	여성 단수	اِشْتَرَتْ	تَشْتَرِي	تَشْتَرِ	تَشْتَرِ	
	남성 복수	اِشْتَرَوْا	يَشْتَرُونَ	يَشْتَرُوا	يَشْتَرُوا	
	여성 복수	اِشْتَرَيْنَ	يَشْتَرِينَ	يَشْتَرِينَ	يَشْتَرِينَ	
2인칭	남성 단수	اِشْتَرَيْتَ	تَشْتَرِي	تَشْتَرِ	تَشْتَرِ	اِشْتَرِ
	여성 단수	اِشْتَرَيْتِ	تَشْتَرِينَ	تَشْتَرِي	تَشْتَرِي	اِشْتَرِي
	남성 복수	اِشْتَرَيْتُمْ	تَشْتَرُونَ	تَشْتَرُوا	تَشْتَرُوا	اِشْتَرُوا
	여성 복수	اِشْتَرَيْتُنَّ	تَشْتَرِينَ	تَشْتَرِينَ	تَشْتَرِينَ	اِشْتَرِينَ
1인칭	남녀 단수	اِشْتَرَيْتُ	أَشْتَرِي	أَشْتَرِ	أَشْتَرِ	
	남녀 복수	اِشْتَرَيْنَا	نَشْتَرِي	نَشْتَرِ	نَشْتَرِ	

능동분사	수동분사	동명사
مُشْتَرٍ		اِشْتِرَاءٌ

[ex]

اِشْتَرَتْ عَائِشَةُ تَنُّورَةً فِي مَحَلِّ الْمَلَابِسِ.

[이슈타라트 아-이샤 탄누-라 피 마할 알말라-비쓰]

아이샤는 옷 가게에서 스커트를 샀어요.

[사전 속 예문]
64p, 67p

뻔뻔하고 펀(fun)하게 배우는
아랍어 단어 357

초판 1쇄 인쇄 2020년 11월 11일
초판 1쇄 발행 2020년 11월 25일

저 자 김재희 • 이지혜

발 행 처 Amber Press (앰버 프레스)
등록번호 제2011-000039호
등록일자 2011년 02월 08일
주 소 서울 강남구 역삼로 8길 17 현빌딩 3층 (06250)
전 화 02-569-0582
팩 스 02-566-8205
이 메 일 amberlang@naver.com
디 자 인 design value core

* 이 책에 관련된 일체의 저작권은 저작권자에게 있습니다. 저작권자 및 발행처의 서면에 의한 허가 없이
  내용의 일부 또는 전체를 인용, 발췌 또는 복제를 금합니다.
  All rights reserved include the rights of re-production in whole or in part in any form.

Printed in Seoul, Korea

발행자번호
ISBN 978-89-965988-5-5 91790